CB134012

INVENTÁRIO DEOPS

MÓDULO VI - COMUNISTAS

O PORTO VERMELHO:

A MARÉ REVOLUCIONÁRIA (1930-1951)

GOVERNO DO ESTADO DE SÃO PAULO
GERALDO ALCKMIN
GOVERNADOR

SECRETARIA DE ESTADO DA CULTURA
MARCOS MENDONÇA
SECRETÁRIO

DEPARTAMENTO DE MUSEUS E ARQUIVOS
MARILDA SUYAMA TEGG
DIRETORA

DIVISÃO DE ARQUIVO DO ESTADO
FAUSTO COUTO SOBRINHO
DIRETOR

IMPRENSA OFICIAL DO ESTADO
SÉRGIO KOBAYASHI
DIRETOR-PRESIDENTE

LUIZ CARLOS FRIGÉRIO
DIRETOR VICE-PRESIDENTE

CARLOS NICOLAEWSKY
DIRETOR INDUSTRIAL

RICHARD VAINBERG
DIRETOR FINANCEIRO E ADMINISTRATIVO

CARLOS TAUFIK HADDAD
COORDENADOR EDITORIAL

CEETEPS
CENTRO ESTADUAL DE EDUCAÇÃO TÉCNOLÓGICA PAULA SOUZA

PROF. MARCOS ANTÔNIO MONTEIRO
DIRETOR-SUPERINTENDENTE

PROF. REMO ALBERTO FEVORINI
VICE DIRETOR-SUPERINTENDENTE

PROF.ª LAURA LAGANÁ
CHEFE DE GABINETE

ARQUIVO DO ESTADO DE SÃO PAULO
R. Voluntários da Pátria, 596 - Santana
CEP: 02010-000 São Paulo - SP - Brasil
Telefax: (0XX11) 6221 1924/2306/4785
e-mail arquivoestado@sp.gov.br
http://www.arquivoestado.sp.gov.br

IMPRENSA OFICIAL DO ESTADO
Rua da Mooca, 1.921 - Mooca
03103-902 - São Paulo - SP
Tel.: (11) 6099-9446
Fax: (11) 6692-3503
www.imprensaoficial.com.br
imprensaoficial@imprensaoficial.com.br
SAC 0800-123 401

Maria Luiza Tucci Carneiro
(organizadora)

Rodrigo Rodrigues Tavares

INVENTÁRIO DEOPS
MÓDULO VI - COMUNISTAS

O PORTO VERMELHO:
A MARÉ REVOLUCIONÁRIA (1930-1951)

Arquivo do Estado/Imprensa Oficial
São Paulo
2001

Coordenação editorial
LAURO ÁVILA PEREIRA
MARIZA ROMERO

Editora Responsável
SÍLNIA NUNES MARTINS

Editora Assistente
DIVANIZE CARBONIERI

Capa
FERNANDO DE SOUSA LIMA

Editoração Eletrônica
FERNANDO DE SOUSA LIMA

Revisão e Preparação de Originais
DIVANIZE CARBONIERI
SÍLNIA NUNES MARTINS

Co-edição
ARQUIVO DO ESTADO DE SÃO PAULO
IMPRENSA OFICIAL

Apoio técnico
CEETEPS
CENTRO ESTADUAL DE EDUCAÇÃO TECNOLÓGICA PAULA SOUZA

Ficha Catalográfica elaborada por Sérgio Carlos Novaes CRB - 8 N. 6380

Tavares, Rodrigo Rodrigues

O porto vermelho : a maré revolucionária (1930-1951) / Rodrigo Rodrigues Tavares ; [prefácio Edgard Carone]. – São Paulo : Arquivo do Estado : Imprensa Oficial, 2001.

224 p. : il. fotos pb ; 23 cm – (Inventário Deops. Módulo VI, Comunistas / Maria Luiza Tucci Carneiro, organizadora)

Bibliografia: p. 219-220
ISBN

1. Polícia política – Brasil – Governo Vargas, 1930- 2. Polícia política – São Paulo (Estado) – Departamento de Ordem Política e Social 3. Trabalho e classes trabalhadoras – Santos (SP) – Portuários 4. Repressão policial – Santos (SP) – Portuários 5. Comunismo – Santos (SP) I. Carneiro, Maria Luiza Tucci II. Título III. Título: a maré revolucionária (1930-1951) IV. Série.

CDD – 323.49098161
CDU –
351.746.1(816.1)

Alcir Proost de Souza:

"Atrevidíssimo, perigosíssimo.
Esse, por sua nocividade,
devia 'suicidar-se' na cadeia".

Relatório de 6 de janeiro de 1936.
Pront. 561 - Delegacia de Polícia de Santos, 6° v.

Dedico estas páginas à memória dos portuários
Alcir Proost de Souza e
Benito Rodrigues Alvarez
e à dos amigos
Fabrício Rico Jabur e
Carlos Doudek Magalhães

SUMÁRIO

A COLEÇÃO INVENTÁRIO DEOPS

A *Coleção Inventário DEOPS* é um instrumento de apoio aos pesquisadores interessados em usar o acervo da polícia política de São Paulo como fonte para seus estudos. Ao mesmo tempo, essa coletânea abre espaço para a divulgação das pesquisas desenvolvidas pelos alunos de graduação do Departamento de História/FFLCH da Universidade de São Paulo que, como bolsistas de Iniciação Científica da FAPESP, participam do Projeto Integrado (o PROIN) Arquivo/Universidade.

O PROIN Arquivo/Universidade iniciou-se em junho de 1996, sendo hoje um dos exemplos positivos de parceria entre duas instituições públicas dedicadas à recuperação da memória da repressão, à preservação dos Direitos Humanos e à prestação de serviços à comunidade. Nesses cinco anos, o PROIN reafirmou seus propósitos de atender aos consulentes do fundo DEOPS e, em especial, de formar historiadores em sua *Oficina de História*. Assim, a *Coleção Inventário DEOPS* pode ser considerada um dos produtos dessa proposta acadêmica que, no ano de 2001, encontra-se materializada sob a forma de dissertações e teses, de um inventário dos prontuários policiais, de artigos publicados em periódicos nacionais e internacionais e, finalmente, de um Banco de Dados/Imagens, síntese informatizada dos estudos realizados por nossa monitoria e equipe técnica.

A *Coleção Inventário DEOPS* coloca à disposição dos pesquisadores fragmentos temáticos extraídos desse Banco de Dados/Imagens, concretizado graças ao financiamento da FAPESP que, através de um programa especial, nos proporcionou a instalação de um *Laboratório de Informática* adequado aos objetivos do PROIN. Os temas surgem como uma decorrência natural das palavras-chave, índices indicativos do conteúdo dos documentos analisados por nossas equipes de pesquisadores. Metodologicamente – e até mesmo com fins didáticos – esses estudos são agrupados em módulos, cujos títulos reproduzem os "rótulos" arquivísticos empregados pelo próprio DEOPS.

Nossa proposta não se faz fechada, não se restringindo apenas a essas questões. Um universo infinito encontra-se à disposição de todos aqueles que querem participar desse processo contínuo de (re)construção histórica. Pretendemos produzir uma Coleção que extrapole a dinâmica desse órgão de repressão e que nos possibilite repensar a História do Brasil Contemporâneo sob os mais diferentes ângulos.

Os coordenadores,

Dr. Fausto Couto Sobrinho
Diretor do Arquivo do Estado

Prof[a]. Dr[a]. Maria Luiza Tucci Carneiro
USP- FFLCH/Dept[o]. de História

Prof. Dr. Boris Kossoy
USP- ECA/Dept[o]. de Jornalismo e Editoração

PREFÁCIO

A abertura, para o público, da seção de documentos do DEOPS - depositados no Arquivo do Estado - nos permite avaliar melhor as informações correntes sobre as esquerdas. Não que haja esquecimento nosso a respeito do trabalhismo brasileiro, mas, de qualquer maneira, a informação vinda do Arquivo reforça o nosso conhecimento e, em certos casos, nos leva a avaliar melhor episódios ainda obscuros.

O trabalho de Rodrigo Rodrigues Tavares centra-se em um desses aspectos relacionados à ação do PCB nos primórdios de sua existência. Fundado em março de 1922, o PCB logo entra em contato com um sem número de núcleos operários espalhados pelos estados, o que eleva rapidamente o número de seus militantes, chegando, em pouco tempo, a atingir mais de 1000 inscritos.

Santos, por sua vez, é um desses núcleos de tradição esquerdista. No entanto, na época de seu surgimento, seu esquerdismo é de caráter evolucionista, teoria social em voga no momento. Seus mestres teóricos, na Europa, são Gustave Le Bon, Leroy Beaulieu, Lavedand e outros mais. Para eles, desfraldada "a bandeira do coletivismo reformista, propõe-se 'A Questão Social', sem paixão, que considera antagônica à idéia do progresso, a lutar tenazmente para que sejam mais rápidos os efeitos do movimento evolucionista científico, que deve dar em resultado a nova organização da Sociedade".[1]

Os responsáveis pelo jornal *A Questão Social*, pertencentes ao Centro Socialista de Santos, são Silvério Fontes, Soter de Araújo e Carlos Escobar. E é esse grupo um dos responsáveis pelo famoso manifesto do Partido Socialista de 1902. A ação dos socialistas e dos anarco-sindicalistas é contínua após os anos de 1900. A partir de 1922, parte deles aceita se filiar à nova organização, mais rígida, do PCB. Então, praticamente, as idéias de esquerda, significativamente, se confundem com a ação comunista.

---

[1] *A Questão Social*. Santos, 1896 apud CARONE, 1979, p. 444.

A documentação levantada pelo autor também é pertinente quando trata dos anos seguintes, mostrando a relação estreita entre os diversos momentos da estratégia e tática comunista. Os temas do período que analisa se voltam para determinados momentos básicos: a política obreirista da década de 20, a criação do Mito do Herói (Luís Carlos Prestes), a luta contra o Estado Novo, o manifesto do Comitê Democrático dos Operários Ensacadores de Santos (1944), o PCB e a greve (1945). Mais precioso ainda é o levantamento biográfico dos militantes operários.

Dessa maneira, a oportunidade de manusear a documentação do DEOPS dá ao pesquisador a possibilidade de avançar no seu trabalho, sem esquecer, no entanto, que cabe a ele se precaver, em muitos casos, em relação aos fatos relatados pela polícia.

Edgard Carone

Professor adjunto de História do Brasil
Faculdade de Filosofia, Letras e Ciências Humanas
Universidade de São Paulo

PARTE I

INTRODUÇÃO

Rodrigo Rodrigues Tavares*

A revolução de 1930 tinha como um de seus objetivos inserir as massas urbanas na estrutura do Estado através de sindicatos oficiais, legislação etc. para melhor controlar as reivindicações dos trabalhadores e evitar que se repetissem os movimentos grevistas ocorridos na Primeira República, em especial nos anos 10 e 20.

Com o advento da revolução, o papel e a função da classe operária divergiram sobremaneira do período anterior, tendo em vista que, embora ela tenha sido configurada nacionalmente "pelo alto", o sistema político dominante não poderia mais se desenvolver sem contar com alguma forma de consentimento ativo das massas trabalhadoras urbanas. Esse *status* da classe operária coincidiu com o primeiro aumento significativo do número de militantes do Partido Comunista do Brasil (PCB), fundado em 1922, além de se apresentar como uma conseqüência da crise mundial de 1929.

Nesse contexto, os portuários de Santos adquiriram enorme importância, tanto do ponto de vista da elite, que necessitava do apoio dos trabalhadores para manter em funcionamento o principal escoadouro das mercadorias brasileiras, quanto do PCB. Segundo a tradição marxista, a presença de milhares de operários em um espaço reduzido e a serviço de uma única grande empresa seria um terreno fértil para a consciência de classe.

O movimento operário nacional viveu uma nova fase quando o PCB adotou a estratégia da *Frente Antifascista*, que

* Bolsista de Iniciação Científica pela FAPESP de maio de 1998 a junho de 2000, sob orientação da Prof[a]. Dr[a]. Maria Luiza Tucci Carneiro. Atualmente, é graduando pelo Departamento de História da FFLCH/USP e integra a equipe técnica do Projeto Integrado (PROIN) Arquivo/Universidade como pesquisador do módulo VI - *Comunistas*.

significava a aliança com outras classes sociais. Tal postura redundou na fundação da Aliança Nacional Libertadora (ANL), que contava com grande número de adeptos em Santos. Temeroso com o avanço da ANL, o governo acabou por fechá-la em 1935, ato que culminou com a tentativa do Partido Comunista de tomar o poder pelas armas, episódio conhecido como a "Intentona Comunista". Getúlio Vargas utilizou-a como pretexto para desencadear uma violenta repressão aos seus adversários políticos e legitimar a instauração do Estado Novo em 1937.

O fim da Segunda Guerra Mundial foi decisivo para a derrubada de Vargas e para acelerar o processo de democratização do Brasil, assim como para a conseqüente legalidade do PCB. Os comunistas alcançaram grande influência nos sindicatos santistas, além de terem obtido votações expressivas nas eleições para presidente, senador, deputado federal e vereador. A hegemonia comunista em Santos começou a declinar com a ilegalidade do PCB em 1947, acabando por ser definitivamente suplantada pelo trabalhismo com a volta de Vargas ao poder em 1951.

As lutas dos trabalhadores santistas e as vitórias eleitorais do PCB na cidade despertaram a atenção de historiadores interessados em reconstruir e explicar esses fatos singulares na História do Brasil Contemporâneo. Com o intuito de dar "voz" aos vencidos e para fazer a contraposição à visão dominante que via os portuários como "ovelhas negras" da história e "culpados"[2] pelo atraso do país, os historiadores utilizaram-se da memória de ex-comunistas, registrada através de depoimentos orais ou do livro *Subterrâneos da Liberdade - II* do escritor comunista Jorge Amado.

Essa metodologia acarretou problemas para a compreensão do passado de Santos, pois a cidade recebeu vários epítetos ao longo de sua história, tais como *moscouzinha, cidade vermelha, porto vermelho,* entre outros. E os historiadores, ao fazer uma análise acrítica da memória, acabaram por confundi-la com a história. É nesse sentido que o presente trabalho tem por

[2] Cf SARTI, 1981, p. 81; SILVA, 1995, pp.1-11.

objetivo dissociar história e memória através do estudo do mito da *cidade vermelha* ou *moscouzinha*. Lembramos que uma das características do mito é a de servir-se dos fatos históricos, dando-lhes uma dimensão atemporal e acarretando anacronismos. O mito, além de se fazer presente no livro de Jorge Amado, foi também criado pelos próprios militantes comunistas do período. Assim, abordaremos esse duplo aspecto.

Inicialmente descreveremos o que Jorge Amado romanceou sobre a história de Santos, a *cidade vermelha*, a fim de desmistificar sua visão e, em seguida, investigaremos quando, como e porquê surgiu esse mito no período de 1930-1951, não mais o contrastando com a realidade, mas considerando-o como parte integrante do real.

O MITO NOS *SUBTERRÂNEOS DA LIBERDADE*

A idéia de um passado de lutas dos trabalhadores, além de povoar o imaginário local, tem a sua "versão" literária narrada por Jorge Amado em *Subterrâneos da Liberdade II*. Tomaremos esse livro do escritor baiano como base para apontarmos alguns dos elementos formadores do mito da *cidade vermelha*.

Essa obra foi publicada na década de 50 e faz parte de uma trilogia que tem como objetivo "traçar um panorama da vida política brasileira nos anos do Estado Novo".[3] Com o intuito de dar veracidade histórica a esse panorama, Amado induz o leitor a acreditar que ele, o escritor, testemunhara os fatos ali narrados. O verso de Camões, que serve de epígrafe à obra, dá o tom que lhe convém: "Metida tenho a mão na consciência e não falo senão verdades puras que me ensinou a viva experiência".

A criação de personagens que fazem alusão a pessoas da época é outro artifício usado para reforçar a veracidade histórica do romance: Saquilla é o jornalista Hermínio Sachetta; Oswaldo é o estivador e deputado federal Oswaldo Pacheco; o delegado Barros se apresenta como referência ao governador Ademar de Barros, acusado pelos portuários de ter colocado a Polícia Marítima no cais; e Doroteu corresponde ao estivador comunista Manoel Dias Veloso.

O romance narra uma greve, supostamente ocorrida no porto de Santos em 1938, em que os trabalhadores se solidarizaram com os revolucionários espanhóis, recusando-se a embarcar o café para a Espanha envolvida no conflito entre republicanos e nacionalistas.

Esse é um dos aspectos essenciais da construção mitológica feita pelo autor: a idéia de que os portuários, vanguarda operária de Santos, aderiram em massa à luta antifascista durante o Estado Novo. Essa greve teria um duplo aspecto: inicialmente o de demonstrar que os portuários reagiram ao Estado Novo e, em um sentido mais amplo, o de demonstrar

[3] Cf. nota introdutória do editor de AMADO, 1964.

que os trabalhadores de Santos eram internacionalistas, isto é, possuíam a consciência de que a luta dos antifranquistas na Espanha era uma luta da classe operária mundial.

Nesse sentido, sob o ponto de vista da construção do mito, é dado ao porto um papel de destaque como *locus* privilegiado da solidariedade internacional dos trabalhadores, pois os portuários viviam "aprendendo histórias marítimas e revolucionárias, da boca de espanhóis e italianos, de gregos e eslavos, de franceses e suecos, de brasileiros de variada cor de pele: brancos, negros e mulatos".[4]

Segundo a visão do escritor, as histórias (e não lendas ou mitos) que afluíam[5] dos mais diversos cantos do mundo faziam com que a consciência de classe se sobressaísse a qualquer reivindicação setorial dos portuários ou a qualquer tipo de estigma ou preconceito. Logo, o cais não era visto como um espaço de degradação moral: os personagens desse microcosmo (prostitutas, cafetões, marinheiros e operários) têm sua dignidade resgatada no romance. Assim, um aspecto importante na formação do mito da *cidade vermelha* é o processo de heroificação vivenciado pelo portuário. Ele não só lutava bravamente contra as condições mais adversas e pelos ideais mais sublimes, como também "tombava" pelas balas da polícia, saindo da vida para se transformar em exemplo para a classe operária. A morte não é tratada como fatalidade, mas sim carregada de simbologia. [6]

Um dos personagens do romance descreve a reação dos operários ao assassinato de um de seus companheiros pela polícia como "... um choque elétrico na massa. Eles não querem ouvir falar em negociação, querem é continuar a greve".[7] O assassinato de um operário se apresenta como um fator de união e coesão do grupo, pois reforçava a dicotomia, a visão maniqueísta entre polícia *versus* operário. O processo de

[4] AMADO, 1964, p. 5.

[5] O porto é um local tradicionalmente visto como uma passagem. Cf. LOPES apud BRESCIANI, 1994, pp. 61-75.

[6] Esse mesmo processo também ocorria com a morte dos próprios policiais. Cf. MARIANI, 1998, p. 186.

[7] AMADO, 1964, p. 57.

heroificação começava no enterro, ato coletivo-simbólico que fixaria na memória da multidão a dívida da classe para com aqueles que "tombaram" defendendo os interesses da categoria e da revolução: "nós vamos fazer o enterro dele como ele merece, como um herói. (...) Fizemos o nosso dever. Dessas mortes, há de nascer a paz para todos".[8]

No caso específico de Santos, o autor constrói um cenário em que a adesão ao comunismo é tão evidente que os estivadores "não botavam outro nome em seus filhos que o do revolucionário preso e condenado [Prestes]. Por essas coisas, Santos era designada pelo país afora como a 'cidade vermelha'".[9] Portanto, era como se os filhos dos estivadores estivessem imbuídos pelo sentimento comunista e continuando a luta dos pais. Jorge Amado afirma que a cidade era conhecida, já na década de 30, como *vermelha*, com a intenção de provar que a hegemonia comunista fazia parte da história do município, colaborando para tornar o mito parte da memória. Ao pensar a história de Santos, o cidadão-leitor estaria configurando, mentalmente, a imagem da *cidade vermelha*.

Subterrâneos da Liberdade II adquire tal importância que seu conteúdo acaba por se mesclar ao próprio conhecimento histórico. Tendo isto em vista buscaremos, ao longo destas páginas, desmistificar os pressupostos do mito identificados nessa obra de Jorge Amado. São eles a ausência de preconceitos e estigmas no porto, o internacionalismo operário, a ousadia dos trabalhadores frente à ditadura do Estado Novo, o processo de heroificação dos trabalhadores, especialmente daqueles que "tombaram" pela ação da polícia e, por fim, a utilização de *cidade vermelha e porto vermelho* como expressões-símbolo da identidade de Santos na década de 30.

---

[8] Idem, p. 71 e p. 161.
[9] Idem, p. 5.

CORES, CREDOS, NACIONALIDADES E RELIGIÕES (1930-1935)

Da Bastilha dos preconceitos à união de ferro

A idéia da união dos portuários em torno de seus interesses comuns, lutando contra a Companhia Docas e apoiando as lutas dos operários em todo o mundo[10] é um dos sustentáculos principais do mito do *porto vermelho*. Daí a importância de analisarmos as correntes políticas que circulavam entre os trabalhadores do porto e da construção civil para discutirmos o anacronismo dessa idéia quando repensada no período de 1930 a 1935.

Dentre as entidades controladas pelos comunistas, temos a Federação Sindical de Santos, responsável pela distribuição do seguinte panfleto[11] sobre a greve dos empregados da Cia. Docas ocorrida em 1933:

> ... a FEDERACAO SINDICAL DE SANTOS, que nunca mentiu aos operários vem desmascarar diante do proletário todos os tapeadores e traidores e mostrar qual o único caminho a seguir para vencermos a luta (...) Também os destemidos companheiros da estiva estão na luta em solidariedade aos nossos irmãos da Docas. Camaradas da estiva, de pé! Agüentai firme ao lado dos companheiros da Docas! *Prestai atenção para que o vosso gesto digno de operários revolucionários não seja aproveitado pelos políticos que vêem ao nosso meio para tirar proveito. Estivadores, lembrai-vos que os trabalhadores da S.P.R. já foram vítimas da traição do*

[10] Em termos marxistas, estamos analisando a idéia de que portuários tinham uma "consciência de classe" no período. Esquematicamente, pode-se dizer que, caso os portuários possuíssem uma consciência de classe, eles admitiriam possuir interesses comuns que os oporiam à Cia Docas e seriam *solidários* com os demais trabalhadores, pois reconheceriam pertencer a uma só classe: a operária. Para Marx, a formação da consciência de classe ocorreria quando um conflito inicialmente limitado (uma luta sindical numa empresa ou em um ramo da indústria, por exemplo) ampliava-se com base em uma identidade de interesses até tornar-se uma questão comum a toda a classe. Marx acreditava que o trabalho coletivo nas grandes fábricas e empresas industriais e os meios de comunicação aperfeiçoados exigidos pelo capitalismo industrial favoreciam a unidade dos trabalhadores. Cf. BOTTOMORE, s/d, pp. 66-67.

[11] A ortografia dos documentos citados ao longo do texto foi atualizada.

> *"socialisteiro" Miguel Costa por ocasião da sua greve. Ele não deixará de vir ao vosso meio para vos enganar e vos arrastar para o novo golpe de estado que os políticos estão preparando. Queremos também desmascarar a manobra da Diretoria do Centro de Navegação Transatlântica que quer jogar os trabalhadores diaristas contra os seus irmãos do café* (ela aparece em lugar da Cia. Docas, porque esta não pode aparecer em virtude dos seus vários crimes contra os estivadores). Camaradas: nós não podemos lutar contra camaradas como nós. O que só traz lucro à Cia. Docas que se apossará da estiva depois que esta for dissolvida pela polícia. E, os estivadores do café, entrando em conflito com os diaristas, preparam o caminho para isto. *Não camaradas, lutemos, então, pelo aumento de salários de uns e de outros. Lutar, só contra os patrões e o estado Capitalista. Entre nós, união de ferro...*
> A FEDERACAO SINDICAL DE SANTOS, única central sindical que verdadeiramente defende os interesses dos trabalhadores e desmascara as manobras e as traições dos inimigos da nossa classe, *vos concita a formar uma ampla Frente Única, de todos os trabalhadores, sem distinção de cor, nacionalidade, credo político ou religioso, para lutarmos, todos unidos, pelas nossas reivindicações* (...)
> Abaixo os carneiros![12]

Esse panfleto expressa o temor comunista de que os trabalhadores fossem *tapeados* pela *manobra* da Cia. Docas de jogar as diversas categorias umas contra as outras no intuito de *mascarar* a verdadeira luta dos trabalhadores, a luta contra os patrões. Tal manobra pretendia evitar que os operários lutassem unidos em torno de suas reivindicações comuns, creditando a Miguel Costa o prestígio advindo do possível sucesso do movimento. Vale dizer que os comunistas temiam que o mérito pela possível vitória da greve recaísse sobre alguém oportunista, cujo objetivo fosse o de dar um golpe, e não sobre o PCB[13], que visava a revolução. E, por fim, temiam que as rixas de nacionalidade, cor etc. impedissem qualquer

[12] Panfleto "Abaixo o Ministério do Trabalho e todos os tapeadores". Federação Sindical de Santos. Santos, 1933. *Pront. 561 - Delegacia Regional de Polícia de Santos*, 1° v. DEOPS/SP, DAESP (grifo nosso).

[13] Salvo indicação contrária, todas as vezes que utilizamos a palavra "partido" nos referimos ao PCB e para designarmos os comunistas, usamos indistintamente "simpatizante", "adepto" e "militante". Por sua vez, quando utilizamos a palavra "membro" referimo-nos às pessoas filiadas ao PCB.

forma de reivindicação conjunta e acabassem por derrotar a greve. A palavra de ordem "abaixo os carneiros" significa justamente uma crítica às pessoas ordeiras, disciplinadas, incapazes de qualquer ato de rebeldia e que aceitam, sem maior raciocínio, aqueles que se lhes apresentam como chefes ou guias.[14]

Intrigante é o fato de a Federação Sindical se auto-afirmar como único caminho para que os trabalhadores vencessem a luta e, por outro lado, concitar uma Frente Única que incluísse não só todas as nacionalidades e religiões, mas também os diversos credos políticos. Esse fato, talvez, se explique pelo grande número de correntes políticas disputando a hegemonia[15] no movimento operário da cidade de Santos. Um relatório policial do mesmo ano da greve identifica sete correntes "socialistas"[16]: *Comunistas Stalinistas, Comunistas Trotskistas, Comunistas Prestistas, Miguelismo, Outubrismo, Rabellismo* e *Ditatoriais Albertistas.*[17]

Defendendo a formação de uma Frente Única, a Federação dirigia-se às três correntes comunistas - acima enumeradas - com o intuito de evitar que a disputa política dividisse ainda mais os operários. No entanto, a "Frente Única dos Comunistas" não era suficiente para resolver os conflitos de raça e nacionalidade das Docas, forçando os comunistas a buscar outras alianças. Segundo relatórios policiais, Miguel Costa era o que detinha a maior influência nas Docas e mantinha liga-

---

[14] A expressão popular "ser carneiro de batalhão" significava ser ordeiro, incapaz de rebeldia. Já "carneiro de Panúrgio" era uma expressão de crítica à aceitação, sem maior raciocínio, às pessoas que se apresentam como chefes ou guias Cf. FRANCO, s/d. pp. 205-206, 1º v. Essa última expressão também poderia significar "maria-vai-com-as-outras". Cf. FERREIRA, 1975, p. 285. Ou ainda "pessoa de índole demasiado mansa e cordata" Cf. MICHAELIS, 1975, p. 438.

[15] Ao longo do texto, a palavra "hegemonia" será usada com o significado de "liderança e tendo implícita alguma noção de consentimento" e, vale ressaltar, o conceito de "hegemonia" não era utilizado na época. Cf. BOTTOMORE, s/d, pp. 66-67.

[16] No ano de 1933, quando surge a questão da Constituinte, proliferam correntes políticas que se diziam "socialistas". Cf. CARONE, 1979, pp. 93-95.

[17] Relatório sobre as correntes socialistas no porto de Santos. *Pront. 561 - Delegacia de Polícia de Santos,* 5º v. DEOPS/SP, DAESP.

Foto apreendida no Sindicato da Construção Civil de Santos em 1935. Ao fundo, na faixa, lê-se: "queremos a devolução da caixa, as férias e o artigo - 81". In *Pront. 561 - Delegacia Regional de Polícia de Santos*, 2º v. DEOPS/SP, DAESP.

ções com a corrente stalinista. Em que bases ocorreria uma aliança entre ele e os comunistas?

Convém destacar, primeiramente, que tal aliança foi levada a cabo de forma temporária, tendo em vista que ambos se encontravam em campos politicamente distintos. Contudo, é justamente neste aspecto que a aliança ocorreu: o tipo de política que emergiu no pós-30 baseava-se na mobilização das massas através de um líder carismático e os portuários de Santos, divididos devido aos estigmas e preconceitos, estavam fora dela. Não por acaso quatro das sete correntes "socialistas" eram centradas em seus líderes: Miguel Costa, Luiz Carlos Prestes, João Alberto e Rabello.

Nesse contexto, a estratégia comunista em relação a Miguel Costa se caracterizava por um jogo-duplo: via panfletagem, ele era criticado, mas em reuniões os comunistas buscavam seu apoio para controlar o sindicato dos estivadores. Dessa maneira, poderiam continuar a dizer aos trabalhadores que eram os únicos e verdadeiros representantes do proletariado, ao mesmo tempo em que aproveitavam a influência do tenente para solapar as identidades nacionais/raciais em prol da união dos estivadores, uma etapa necessária para alcançar a condição de revolucionários.

Miguel Costa buscava unir os trabalhadores dentro do sindicato, esperando contar com seu apoio em suas empreitadas políticas. Ele, além de ser o patrono do Sindicato, após ter impedido que o mesmo fosse fechado durante a Revolução de 30, dispunha de um importante trunfo: a possibilidade de utilizar a força para resolver os conflitos no cais. Essa questão, a aliança entre Costa e os comunistas, foi reproduzida em um artigo de jornal sobre o assassinato do presidente do Sindicato dos Estivadores de Santos:

> Na residência do General [Miguel Costa], com o testemunho dos seus companheiros o estivador Octávio Thomaz o avisou: 'Se o capitão Pedroso continuar em Santos, General, nós ficaremos sem garantia nenhuma de vida. Ele já nos persegue, impedindo que ganhemos o pão no trabalho, ele arranjará meios de nos ir fuzilando um por um'. O General Miguel Costa procurou tranqüilizar o velho trabalhador (...) Voltasse para Santos (...)

> *que ele, General, se entenderia com o Major Cordeiro de Faria.* Na sua simplicidade, Thomaz retrucou: não senhor, General. Se o capitão Pedroso continuar lá, nos mata (...) Só há um recurso: é o senhor tirar o Pedroso da Delegacia. Achando exagerado o teor do operário, o general sorriu dizendo-lhe: mas eu não posso tirar o delegado, uma vez que deixei a Secretaria de Segurança (...)
> [O delegado Pedroso] Reuniu depois um pobre grupo de trabalhadores maleáveis, engrossou os elementos importados do Rio e, repetindo a façanha da polícia da República Velha, mandou forjar uma Assembléia para destituir a diretoria do Sindicato, indicando ele, delegado, os (...) que deviam substituir os eleitos do pessoal da estiva (...)
> A diretoria, derrubada assim violenta e irregularmente, procurou um advogado insuspeito, o dr Rafael Sampaio Filho (...)
> Os estivadores continuam perseguidos pelo delegado Pedroso. Na zona do cais, vários desordeiros da marca de "Navalhada" andam impunemente acendendo o cigarro no cigarro dos investigadores e estes *apreendem as armas que encontram com os trabalhadores do Sindicato, a fim de que, desarmados, sem garantia, só a ameaça de ter sorte idêntica à de Octávio Thomaz deserdam do trabalho e morrem à mingua.*
> Ainda ontem os *desordeiros* a serviço da polícia exibiam revólver impedindo que os companheiros do velho assassinado entrassem de serviço.[18]

Miguel Costa corporificava os anseios de segurança de uma parte expressiva dos estivadores. Mesmo não ocupando o cargo de Secretário de Segurança Pública, condição em que estaria dotado de poderes para destituir o delegado Pedroso, foi procurado por um grupo de trabalhadores para acabar com a ingerência policial no cais e no sindicato. Como possuía interesse no apoio da categoria, procurou demonstrar que ainda detinha certa influência ao se oferecer para "falar com o major Cordeiro".

Sem dúvida, a força era condição importante para se resolverem os conflitos no porto e se conseguir trabalho, haja vista não só os constantes pedidos pelo comparecimento de autoridades nas assembléias da categoria para acalmar os âni-

[18] "Complica-se o caso do assassínio do presidente dos estivadores de Santos". Recorte de jornal. 1932. *Pront. 561 - Delegacia Regional de Polícia de Santos*, 1° v. DEOPS/SP, DAESP (grifo nosso).

mos[19], como também o fato de os estivadores considerarem "natural" se utilizarem armas como "garantia" de trabalho.

Nesse contexto, a maioria dos trabalhadores não estava disposta a colocar sua vida em risco para fazer a revolução, por mais heróico que isso pudesse parecer aos comunistas. Como forma de escapar aos conflitos, "aceitavam" a tutela de uma autoridade superior que lhes oferecesse proteção e segurança para trabalhar, fosse esta autoridade Miguel Costa ou a polícia.

Nesse ínterim, o partido só poderia oferecer proteção jurídica aos trabalhadores. Com esse objetivo, os adeptos criaram a *Comissão Popular de Inquérito de Santos* em 1934, uma vez que as liberdades apregoadas pela Constituição só existiriam "para os potentados enquanto que para os trabalhadores dão patas de cavalo, balas da polícia especial e política e dos integralistas, gases lacrimogêneos, geladeiras e espancamento nas prisões, expulsões, deportações, assassinatos em plena rua e dentro das masmorras".[20] Entretanto, como as garantias da justiça não eram suficientes para dar segurança aos trabalhadores, havia interesse por parte dos comunistas em uma aliança com Miguel Costa.

O artigo de jornal sobre o assassinato de Octávio Thomaz pode ser lido como um painel da atuação conjunta de Miguel Costa e dos comunistas com o propósito de excluir a polícia do porto. O próprio fato de os trabalhadores buscarem o apoio do advogado Rafael Sampaio Filho, conhecido membro do Partido Comunista, e de Miguel Costa demonstra como ambos não estavam em campos políticos excludentes. Assim, os comunistas compactuavam com Miguel Costa buscando eliminar a influência policial no porto, vista como motivo de "desordem para o trabalho". Note-se que ambos defendiam a "ordem" entendida como direito dos estivadores de trabalhar para o seu sustento e de eleger representantes no sindicato

[19] Folheto "Aos estivadores de Santos". 1935. *Pront. 2594 - Centro dos Estivadores de Santos.* DEOPS/SP, DAESP.

[20] "Organizou-se, em Santos, a Comissão Jurídica Popular de Inquérito". Jornal *Gazeta,* 19 de dezembro de 1934, s. l. *Pront. 561 - Delegacia Regional de Polícia de Santos,* 7º v. DEOPS/SP, DAESP.

sem a interferência policial. Por outro lado, o PCB mantinha nos panfletos uma postura contrária a Miguel Costa, responsabilizando-o pela nomeação do delegado Pedroso.[21] Novamente, apesar de estarem juntos, os comunistas tentavam não se comprometer demais com Miguel Costa para continuar como "únicos e verdadeiros representantes do proletariado".

Em meio a essa tentativa de rearranjos, de acordos e de apoios, emerge a figura de Agapito de Souza, ex-combatente e membro da Federação dos Voluntários, além de representante das classes dominantes. Souza concorreu à presidência do Sindicato dos Estivadores e contava com o apoio da polícia que o julgava uma pessoa idônea para reorganizar o Centro daquela categoria e melhorar o "péssimo conceito" que a população de Santos e as próprias autoridades tinham a respeito dos estivadores.[22]

Em um panfleto, editado provavelmente em 1935, Souza expôs suas propostas:

> ... já procurando derrubar de vez os muros da intriga insidiosa que dividiu a classe, enfraquecendo e, numa palavra, tornando-a quase que desaparelhada e impotente para empenhar-se, *se preciso for, em uma luta de reivindicações justas* (...) *em um momento de reflexão sabereis medir quanta dose de bem estar trareis para a coletividade estivadora de Santos, quebrando de vez a Bastilha de todos os preconceitos, quer de religião quer de cor política, quer de nacionalidade, que tanto nos humilha e envergonha. Unamo-nos, formemos um só bloco, unido e coeso, não esquecendo que é da união que nasce a força e que uma casa subdividida não pode resistir, e ao em vez de empenharmo-nos numa luta interclasse, inglória* (...)
> 1°- Procurarei por todos os meios e recursos necessários à unificação de todos os associados dentro do mesmo estimulo *Trabalho e União para a grandeza de nossa classe;*
> 2°- Procurarei ser a todos, *dentro da ordem e justiça, isento de paixões e partidarismo.*[23]

[21] Panfleto. 1933. *Pront. 2846 - Vicente Vaz Rodrigues*. DEOPS/SP, DAESP (grifo nosso).

[22] Relatório de Investigação. Santos, 4 de outubro de 1933. *Pront. 561 - Delegacia de Policia de Santos*, 2° v. DEOPS/SP, DAESP.

[23] Folheto "Digníssimos companheiros do Sindicato do Centro dos Estivadores de Santos". 1935. *Pront. 2594 - Centro dos Estivadores de Santos*. DEOPS/SP, DAESP (grifo nosso).

A análise da situação por parte da classe dominante, representada por Souza, era a mesma feita pelos comunistas - os preconceitos e estigmas no porto enfraqueciam a classe - os fins é que divergiam. Na verdade, o panfleto dividia os trabalhadores entre *conscientes* - aqueles que se envergonhavam com a situação da classe - e os *inconscientes* - aqueles que não conseguiam se libertar da fortaleza/prisão (a imagem da Bastilha) dos preconceitos e, por conseguinte, não conseguiam se ver enquanto grupo social.

A idéia de união era a mesma da Federação Sindical, porém, o objetivo não era a revolução e sim a ordem e a justiça, ou seja, a manutenção do *status quo*. No panfleto, o uso da metáfora "casa" visava fazer com que os trabalhadores se encarassem enquanto "irmãos", enquanto que as expressões "ordem e justiça" e "Trabalho e União" soavam como um chamado aos trabalhadores para que eles aceitassem a interferência de uma autoridade hierarquicamente superior, como o próprio presidente do sindicato ou mesmo o da República.

Com isso, enquanto os comunistas queriam superar as divisões, forjando uma identidade que enaltecesse a figura da luta contra o estado capitalista, Agapito de Souza queria que os seus "filhos" não a envergonhassem em uma luta dentro de "casa" e sim que contribuíssem para o engrandecimento da classe e do país através do "Trabalho" e da "União".

Em suma, a "Bastilha" de preconceitos era tão evidente que fazia com que as próprias autoridades possuíssem um "péssimo conceito" da categoria dos estivadores, procurando uni-los de acordo com os interesses da elite, a saber: evitar que os estivadores adentrassem na cena política, limitando-os a reivindicações "justas" e necessárias ("se preciso for"). Na visão da elite, a melhor forma de os estivadores superarem as dificuldades era pela união e pelo trabalho.

Comparando as especificidades das greves dos portuários em relação a outras classes operárias atuantes na cidade de Santos, podemos afirmar que o porto não estava na vanguarda do movimento operário.

AOS ESTIVADORES DE SANTOS

A chapa da **"União dos Estivadores"** concorrerá ás eleições para renovação da Directoria organizada da maneira seguinte:

PARA

PRESIDENTE
João Pereira da Silva

VICE-PRESIDENTE
José Aniceto da Silva

1.o SECRETARIO
Antonio Alves Martins

2.o SECRETARIO
Secundino Barreto

1.o THESOUREIRO
Bernardino Sena

2.o THESOUREIRO
Pedro Clarindo Ferreira

CONSELHO FISCAL

Agostinho d'Azevedo Vaz
Manoel Ignacio d'Almeida
Vicente Vaz Rodrigues
Manoel Gonçalez Garcia
Manoel Pereira da Rocha
Antonio Guedes d'Oliveira
Caetano Manoel Sobral
José Cardoso d'Araujo

São estes os companheiros que ha dias expuzeram n'um manifesto o seu programma de acção.

A COMMISSÃO

Tip. Minerva

Candidatos brancos, negros e estrangeiros, juntos, defendendo um tema corrente nos anos 30: a "União dos Estivadores". *Pront. 2594 - Centro dos Estivadores de Santos,* 2ºv. DEOPS/SP, DAESP.

Tabela 1 - Greves ocorridas na cidade de Santos entre 1930 e 1935

CATEGORIA	DURAÇÃO	MÊS/ANO
Tecelões	6 dias paralisados	Dezembro/1930
Estivadores	17 - 31	Julho/1931
Operários da construção civil	25 - 29	Julho/1931
Bancários	18 - 20	Abril/1932
Ferroviários	02 - 19	Maio/1932
Garçons (empregados em bares, restaurantes e hotéis)	07 - 23	Maio/1932
Operários da construção civil	11 - 12	Maio/1932
Padeiros	12 - 13	Maio/1932
Motoristas	11	Maio/1932
Estivadores	*28*	Fevereiro/1933
Estivadores e Operários da Cia. Docas	25 - ?	Maio-Junho/1933
Bancários	?	Janeiro/1934[24]
Ferroviários	19 - 24	Janeiro/1934
Marítimos	05 - 06	Julho/1934
Bancários	06 - 09	Julho/1934
Operários da construção civil	13 - 02	Julho-Outubro/1934
Empregados em Hotéis, Restaurantes e Cafés	18 - 08	Julho-Setembro/1934
Padeiros	24 - 28	Julho-Agosto/1934
Estivadores de Bananas	09 - 19	Agosto/1934
Condutores de Veículos	28	Julho/1934
Escreventes de Cartório	21 - 22	Agosto/1934
Trabalhadores de Limpeza de Canais	?	Setembro/1934
Empregados dos Correios e Telégrafos	26	Dezembro/1934
Marítimos (pilotos, taifeiros e rádio telégrafos)	01 - 12	Janeiro/1935
Motoristas da Marinha Mercante	22 - 01	Janeiro-Fevereiro/1935
Greve Geral contra LSN (Estvs., bancs., grafs., carrocs., tecels., trab. café, tintureiros)	29	Janeiro/1935
Operários da construção civil	28 - 19	Setembro-Novembro/1935
Gráficos	05 - 11	Outubro/1935
Operários em Moinhos	08 - 19	Outubro/1935

Fonte: AZEVEDO, 1996.

[24] Cf. ARAÚJO, 1985, p. 56.

É nesse sentido que nos propomos a avaliar a situação das Docas, através de panfletos distribuídos para a construção civil local em 1934, quando, segundo a polícia, as sucessivas greves em Santos colocaram em risco a segurança do Estado.[25]

Um boletim assinado pela *Comissão Executiva do Sindicato União dos Trabalhadores* em construção civil reafirmava, em junho de 1934, a coesão e disciplina daquela categoria:

> Camaradas
> Estamos quase com 60 dias de luta, *em que os trabalhadores em construção civil mostraram a sua coesão e disciplina* que assombrou nossos opressores e ao mesmo tempo veio mostrar que os trabalhadores em construção civil jamais se submeterão aos *exploradores* que não trepidam em lançar mão de todos os meios para nos massacrar. Vem agora o dia da esperança! Cada dia 1° que passa, cada segunda-feira que passa é para nossos *opressores* o dia da esperança. Pobre esperança essa! Os trabalhadores já não tem mais esperança, o que os trabalhadores querem e exigem é mais pão e agasalho para as suas famílias. Firmes, pois, companheiros, que nossos *patrões* já compreendem que não adianta mais levar mais tempo, pois quanto mais tempo levarem, mais prejuízo terão.
> Mostremos, mais uma vez, que nem segundas-feiras, nem dias primeiros nos demoverão, enquanto eles não assinarem nossas reivindicações (...)
> Avante, camaradas, o fim está perto.[26]

O conteúdo desse boletim diverge sobremaneira daquele produzido pela Federação Sindical em 1933 e que se referia à greve nas Docas. A idéia era de que o Sindicato não precisava concitar à união, pois chegava inclusive a elogiar a disciplina e a coesão, diferenciando os "inimigos" da construção civil dos portuários. Para eles, os "inimigos" eram Miguel Costa, a Cia. Docas, a Companhia Transatlântica de Navegação, os carneiros, os patrões e o Estado capitalista, enquanto que, para os trabalhadores da construção civil, os opositores eram generalizados como "opressores", "exploradores" e "pa-

[25] Informe reservado. São Paulo, 12 de junho de 1934. *Pront. 561 - Delegacia de Policia de Santos,* 2°v. DEOPS/SP, DAESP.

[26] Boletim *Comissão Executiva do Sindicato União dos Trabalhadores. Pront. 561 - Delegacia de Policia de Santos,* 2° v. DEOPS/SP, DAESP (grifo nosso).

Foi fechada pela policia

a séde do Syndicato dos Trabalhadores em Construcção Civil de Santos

50 OPERARIOS PRESOS, FICANDO A SÉDE DO SYNDICATO GUARDADA POR SOLDADOS DE ARMAS EMBALADAS

O Syndicato dos Trabalhadores da Construcção Civil, guardado por soldados de armas embaladas

Fechamento do Sindicato da Construção Civil de Santos em 1935. *Diário da Noite,* 21 de setembro de 1935. *Pront. 561 - Delegacia de Polícia de Santos,* 5° v. DEOPS/SP, DAESP.

trões". Nesse sentido, impõe-se admitir que, na construção civil, a identidade de oprimidos, explorados e empregados se sobrepõe às questões de raça e nacionalidade.

O conceito de inimigo emerge em um outro panfleto distribuído após a greve e assinado pelo Socorro Vermelho Internacional, entidade reconhecidamente ligada ao Partido Comunista Brasileiro:

> Camaradas!
> Há quase 2 meses iniciastes a luta contra os vossos carrascos. Essa luta titânica devia decidir sobre vossa condição material. Entretanto até hoje nada foi decidido. E sabeis porquê? Permitistes que os "*contra revolucionários*" *vos tapeassem, pois que eles quiseram dirigir o vosso heróico movimento.*
> *Vos iludiram os trotskistas!*
> *Vos iludiram os bacharéis, os engravatados, os cartolas*! - Confiastes demasiadamente neles, e agora que necessitais de apoio eles vos abandonaram porque estão vendo fracassada a greve, e porque esgotou-se o pouco dinheiro que dispúnheis. Isso que o diga o presidente do Sindicato dos Garçons que já percebeu a ladroeira!
> *O SOCORRO VERMELHO DO BRASIL* (...) *vos concita a combater os contra revolucionários e os engravatados, vulgo bacharéis de direito que procuram ser os salvadores do proletariado.*
> Os trotskistas nada farão por vocês como não fizeram até agora. São apenas táticas para tirar proveito próprio.
> *CAMARADAS! O Socorro Vermelho, denunciando à massa os culpados do glorioso movimento dos garçons e dos empregados em* construção civil, *vos concita a seguir as normas do verdadeiro proletariado, e preparar-se para novo movimento.*
> *A greve deve ser dirigida somente por trabalhadores*!
>
> ABAIXO OS LADRÕES!
> VIVA OS GARÇONS DE SANTOS!
> VIVA OS EMPREGADOS EM CONSTRUÇÃO CIVIL!
> ABAIXO OS CONTRA - REVOLUCIONÁRIOS!
> ABAIXO A BURGUESIA!
> ABAIXO A REAÇÃO POLICIAL!
> O SOCORRO VERMELHO DO BRASIL!
>
> (Seção do S.V.I) [27]

[27] Manifesto "Aos grevistas de Santos". Socorro Vermelho do Brasil. *Pront. 561 - Delegacia de Policia de Santos*, 2° v. DEOPS/SP, DAESP (grifo nosso).

O Socorro Vermelho Internacional praticamente "absolveu" a "massa tapeada" da culpa pelo fracasso do glorioso movimento e elegeu como culpados os bacharéis e os engravatados (ou seja, os intelectuais), os trotskistas e os ladrões. Excetuando-se os "ladrões", os demais eram os inimigos declarados dos comunistas nesse período.[28] É nesse sentido que não se fazia crítica aos trabalhadores, pois eles já podiam ser considerados como "massa" (homogêneos) e não como "carneiros" obedientes. Bastaria fazer com que eles aprendessem que, no "novo movimento", deveriam ser dirigidos somente "por trabalhadores", ou seja, pelo verdadeiro representante do proletariado, o PCB.

Como explicar essa diferença entre os trabalhadores portuários e os da construção civil? O fato de os trabalhadores estarem restritos a um espaço pequeno e submetidos a um mesmo patrão (Cia. Docas) não deveria ser um aspecto preponderante para a formulação de uma consciência de classe e de solidariedade das classes portuárias?

O militante anarquista Everaldo Dias descreveu Santos como sendo uma cidade "com massa trabalhadora numerosa, em grande parte estrangeira, mas flutuante, débil, sem fixidez".[29] Apesar do quadro retratado fazer referência a um período anterior, o problema da "fixidez" da classe operária ainda estava colocado devido às próprias características do trabalho portuário: baixa remuneração, pouca qualificação, trabalho instável e dependente não só do movimento de navios, mas também dos operários conseguirem satisfazer os requisitos da Cia. Docas ou do Sindicato dos Estivadores.

Nesse sentido, o exército de trabalhadores competia dia-a-dia por uma oportunidade de trabalho. A Cia. Docas se utilizava de seu poder empregador para esvaziar as greves, criando turnos especiais com mão de obra extra[30], jogando a opinião pública contra os trabalhadores, acirrando os preconcei-

---

[28] Cf. PANDOLFI, 1995, p. 47.
[29] DIAS, 1962, p. 323.
[30] "A Companhia Docas de Santos aos seus operários e ao público". Jornal *A Tribuna*. Santos, 30 de abril de 1933. *Pront. 561 - Delegacia de Policia de Santos*, 1° v.

tos. No que se refere ao Sindicato, seus diretores faziam uso não só de seu prestígio para empregar seus seguidores e negligenciar seus opositores, mas também para reforçar certos estigmas. Cabe ressaltar que o responsável pela seleção de estivadores utilizava-se de critérios subjetivos (afinidades lingüísticas, étnicas, culturais) para decidir quais seriam ou não utilizados nos mais variados serviços. Portanto, não havia tempo hábil para que os conflitos de classe no porto fizessem os operários desenvolverem a consciência de classe Ainda mais quando continuavam a ser julgados por sua identidade étnica, nacional etc. Em condições de miserabilidade e disputando diariamente uma vaga no mercado de trabalho, era comum que o sentimento de estranheza e preconceito sobrepujasse a identidade de "proletários", dificultando a sistematização de reivindicações conjuntas. A situação dos operários da construção civil era diversa: eles constituíam um menor contingente de trabalhadores e se dividiam entre as 25 firmas da cidade, além de possuírem uma maior estabilidade no emprego.

Nesse sentido, a visão mitológica do porto como um espaço idílico onde trabalhadores das mais diversas origens estariam unidos reivindicando uma sociedade mais justa é praticamente o oposto da realidade do cais no período, tendo em vista que os trabalhadores não se viam nem como portuários e, muito menos, como "vermelhos".

Os heróis

A falácia do discurso que via o Porto, a despeito da diversidade étnica, nacional e racial, como um *locus* de solidariedade entre os trabalhadores não deve ser a única questão analisada. Além dessa, uma outra questão deve ser considerada: a do herói. Para tanto, analisaremos a propaganda "subversiva" e a auto-imagem idealizada pelos militantes comunistas.

Em dezembro de 1933, o simpatizante Horácio da Cruz Tapada, português, teve apreendido um manuscrito de sua autoria. Após ter lido alguns panfletos, "como comunista de idéias que era", Tajada elaborou um manifesto incluindo idéias suas com o propósito de imprimi-lo e distribuí-lo entre os adeptos do comunismo".[31] Esse seu manuscrito era dirigido aos operários do campo e da cidade, tratados como companheiros. Companheiros enquanto homens explorados e oprimidos pelos patrões. Em tom de crítica e protesto, o autor discorre sobre os fortes e os fracos, tomando como exemplo as prisões e os massacres ordenados pelos homens do poder.

> Pois companheiros lembrai-vos que a gente vivemos [sic] sendo explorados a [sic] muitos anos pela classe capitalista que cada vez mais estão [sic] nos oprimindo e os companheiros não sabem porque [sic]? *Pois é muito simples de compreender, pois companheiros a Burguesia reconhece que nós operários somos mais fortes que eles sim; somos mais fortes porque somos mais e produzimos tudo. Eles que estão vendo o dia em que o poder passa das mão* [sic] *deles para as nossas e vendo eles isso tratam de ver se nos embargam nossa marcha, com as prisões, massacre e deportações de nossos companheiros para a Ilha dos Porcos. Companheiros que lutam por nossas reivindicações para todos os operários do Brasil e até mesmo para os inconscientes que são hoje nossos inimigos.* Portanto companheiros (...) nós devemos protestar contra a prisão do companheiro Moura e pela libertação de todos os presos políticos proletários e [pela] volta imediata de todos os deportados na Ilha de Porcos e [por] *mais pão e agasalho para nossos filhos e esposas ...*
>
> S.P.C.
> Zona de Santos[32]

Embora Horácio Tapada não tenha empregado a palavra *herói* em seu manifesto, ele heroificava os comunistas, atribuindo-lhes determinadas características: eles eram dotados de um saber que lhes dava força para chegar ao poder e que os distinguia da massa ("os inconscientes"). Tapada também lhes elogiava a ousadia de lutar contra as mais diversas for-

[31] Termo de declarações de Horácio da Cruz Tapada a Alfredo Pegliucchi, Comissário de Ordem Social. Gabinete de Investigações. São Paulo, 01 de dezembro de 1933. *Pront. 2846 - Horácio da Cruz Tapada*. DEOPS/SP, DAESP.

[32] Manifesto "Aos operários do campo e da cidade". Partido Comunista do Brasil. Santos, s/d. *Pront. 2846 - Horácio da Cruz Tapada*.DEOPS/SP, DAESP (grifo nosso).

mas de opressão ("prisões", "deportações", "massacres") por um ideal justo (as reivindicações operárias e "pão e agasalho") e em nome da maioria ("os operários do Brasil").

Ser deportado, preso ou massacrado pela burguesia temerosa de perder seu poder era um fato natural durante a marcha que os comunistas lideravam para fazer com que "aqueles que produzem tudo" chegassem ao poder.

Ao fazer menção à prisão de Moura, Tapada utiliza-se da imagem do mártir para provar a coragem dos comunistas. O "companheiro" Manoel Moura era português e detentor de diversas passagens pelo DEOPS. Em 1931 e 1932, havia sido preso em comícios comunistas na cidade e, em 1933, foi novamente detido em Santos por ter sido encontrada em sua uma casa grande quantidade de material "subversivo". Além de ensacador de café, Moura era "autor" de duas cartas publicadas pelo jornal *A Plebe,* posturas que lhe tributavam coragem, ousadia e dedicação ao trabalho.

Podemos inferir o que pensava esse ensacador de café por meio de seu depoimento à polícia, no qual afirmava que "conquistou popularidade nos meios operários e trabalhadores de Santos, com as diversas prisões que sofreu por ser comunista, pelo que é muito procurado para esses assuntos sociais".[33] Sob esse prisma, a prisão de um comunista não era algo de que o militante deveria se envergonhar, pelo contrário, era algo que permitia a Moura ter prestígio suficiente para tratar de "assuntos sociais". Dentro do imaginário dual comunista, aquele que é perseguido pela polícia é valorizado como defensor dos trabalhadores.

A palavra herói não foi utilizada no documento acima porque, apesar de os militantes se considerarem superiores aos operários "inconscientes", havia uma hierarquia no partido que relegava os militantes à condição de "soldados" da causa. Dessa maneira, o militante só era caracterizado como "herói" quando "tombasse" em defesa do ideal revolucioná-

[33] Termo de declarações de Horácio da Cruz Tapada a Alfredo Pegliucchi, Comissário de Ordem Social. Gabinete de Investigações. São Paulo, 01 de dezembro de 1933. *Pront. 2846 - Horácio da Cruz Tapada*. DEOPS/SP, DAESP.

rio, passando a ser imortalizado pela imprensa operária que o apresentava como exemplo aos trabalhadores.

Esse aspecto está presente em um hino apreendido no arquivo do Socorro Vermelho Internacional de Santos após a prisão de dois militantes lituanos:

> Companheiros!, [sic] mortos enterrados
> Vossa luta seguiremos
> A passos cadenciados
> Com mais coragem nos ergueremos
> Proletários, heróicos
> Pelo crime fulminados
> Vossa morte vingaremos
> Castigando os culpados[34]

O hino inverte o que a ideologia dominante afirmava: não era porque os proletários cometiam um crime que eles acabavam sendo presos ou morrendo, mas era o crime que fulminava os trabalhadores. Portanto, ser comunista não era ser criminoso, mas sim herói. Ao propagar esse hino, os comunistas visavam conquistar novos adeptos reforçando a visão dual entre heróis *versus* criminosos (polícia ou burguesia).

Assim, por ser parte integrante da identidade comunista e peça chave de propaganda, a questão do herói estava presente no imaginário comunista, independentemente do mito da *cidade vermelha*. Questões como essas encontram-se registradas no material de propaganda "subversiva" que circulava na cidade e que citava os "mártires" locais, com vistas a propagar a imagem salvacionista assumida pelo PCB.

Um manifesto da União Sindical Proletária de Santos, anexado ao Prontuário do Sindicato dos Estivadores, concitava os trabalhadores a uma greve geral em protesto ao fechamento da ANL. O fechamento dessa entidade se prestava para:

[34] Hino (manuscrito). *Pront. 561 - Delegacia de Policia de Santos,* 1º v. DEOPS/SP, DAESP.

> ...preparar o terreno para a mais brutal reação contra nós e nossas organizações sindicais, que serão fechadas, nossos movimentos de reivindicações reprimidos violentamente, *presos nossos companheiros mais combativos, anuladas todas as conquistas que os trabalhadores de Santos conseguiram em anos de lutas e com o sacrifício de nossos companheiros assassinados como Herculano de Souza e deportados como Vítor Garcia, Manoel Moura e muitos outros que apodrecem nos presídios da reação pagando pelo crime de lutar por uma vida sem fome e com liberdade...*[35]

Duas expressões se destacam na composição desse manifesto: "trabalhadores de Santos" e "anos de luta". O mito da *cidade vermelha*, que exalta o papel do herói portuário e a história do município, esvazia-se de significados. O termo "trabalhadores" foi aí utilizado porque, como vimos, outras categorias profissionais eram mais "revolucionárias" do que as do porto. Já o termo "anos de luta", em vez de "décadas de luta", "tradição de luta" ou "história de luta", explica-se pela ausência de embates expressivos encabeçados pelo PCB na cidade. Caso o manifesto tratasse da história das reivindicações operárias no município, por mais seletiva que fosse a reconstrução dos fatos, ele teria de citar a influência anarquista. Nesse sentido, datar as lutas dos trabalhadores de Santos durante os anos era uma forma de ignorar o passado anarquista e valorizar o PCB, que existia há 13 anos.

No manifesto acima, os heróis Herculano (negro), Vítor Garcia (espanhol) e Moura (português) lutavam juntos pelo "crime" de uma vida sem fome e com liberdade, isto é, apesar de suas diferenças raciais e nacionais, estavam unidos por um ideal. Essa é a situação que os comunistas sonhavam, mas, como já mencionamos, não era a realidade do porto. Nesse sentido, a disseminação da figura do herói era uma forma de despertar a consciência para uma união com base na ideologia e não apoiada na identidade nacional e racial.

Como vimos, a heterogeneidade cultural, racial etc. dos trabalhadores no cais contribuiu para o enfraquecimento dos

[35] Manifesto "A Todos os Proletários de Santos". União Sindical Proletária de Santos. Santos, 25 de junho de 1935. *Pront. 6280 - Sindicato dos Estivadores de Santos*. DEOPS/SP, DAESP (grifo nosso).

portuários, porém, o fato de serem discriminados fez com que uma minoria optasse pelo comunismo. Nesse sentido, convém traçarmos um breve panorama das associações negras e estrangeiras em Santos para discutirmos a imagem do "herói".

A Frente Negra Brasileira (FNB) "que sempre prestigiou a figura de Getúlio Vargas"[36], havia sido fundada com o intuito de elevar a condição intelectual do negro e contou com um núcleo em Santos que "...punha à disposição dos 'frentistas', em aulas diurnas e noturnas para as crianças e adultos, (...) cursos de alfabetização, português, aritmética, história do Brasil, geografia, desenho, francês, inglês, espanhol, alemão, italiano, piano e violino".[37] Não se sabe ao certo o número de "frentistas" na cidade, no entanto, estimativas dão conta de mais de 2000 filiados à FNB.[38]

Os comunistas, temerosos de que a população negra despertasse para o problema racial e "esquecesse" a luta de classes, utilizavam-se de varias estratégias para desestabilizar a Frente Negra Brasileira: elementos comunistas ingressavam na Frente para propagar o ideal revolucionário; J. Guaraná Santana, um dos dirigentes da FNB, foi classificado pelo PCB como "explorador do proletariado", além de utilizar a imagem do herói negro Herculano como forma de propaganda.

Esse foi um dos motivos que fez com que Herculano estivesse presente em uma grande quantidade de panfletos impressos pelo PCB, alguns dos quais identificavam-no como negro.[39] O PCB tentava demonstrar que Herculano havia sido vítima de um confronto entre classes e não entre raças. Sendo assim, a propaganda visava fazer com que os trabalhadores de Santos assimilassem a imagem do ensacador negro assassinado pela polícia, relacionando-a com a figura do herói. A idéia era convencer os negros a buscar a libertação total (aderindo ao comunismo) e não a parcial (elevando a sua condição material e cultural).

---

[36] Relatório de Investigação ao delegado adjunto. Seção de Investigação. São Paulo, 7 de março de 1938. *Pront. 1538 - Frente Negra do Brasil*. DEOPS/SP, DAESP.

[37] *Diário da manhã*. Santos, 7 de abril de 1932 apud PAULA, 1932, p. 165.

[38] MITCHELL apud ANDREWS, 1998, p. 233.

[39] *Pront. 1110 - Boletins comunistas*, 11° v. DEOPS/SP, DAESP.

500 Réis — **Grande Tombola Proletaria** — **N.** 0361

Pró-A CLASSE OPERARIA

O orgam do proletariado brazileiro precisa aumentar de tamanho e saír semanalmente, para melhor satisfazer as necessidades do movimento revolucionario do proletariado como classe.

A Tombola consta de 3 premios, joga com 10.000 bilhetes e corre com os 3 premios maiores da Loteria da Capital Federal, do dia 24 de Setembro de 1932.

1.° PREMIO — Um quadro com as fotografias de: HERCULANO DE SOUZA, operario estivador, assassinado a tiros pela policia, num comicio proletario em Santos; JORGE ALVARENGA, jovem tecelão, tambem assassinado a tiros pela policia, num comicio proletario no Rio de Janeiro; e VIRGILIO CALDEIRA, operario padeiro, que morreu na Colonia 2 Rios (Ilha Grande) em consequencia de pancadas recebidas nos intestinos, dadas pela policia naquele presidio.

2.° PREMIO — Um quadro com a fotografia de Lenine.

3.° PREMIO — Uma coleção de 20 livros sobre questão social.

CAMARADAS! Auxiliemos nosso jornal, comprando e vendendo entre nossos camaradas os bilhetes desta tombola.

Os bilhetes que não forem pagos até vespera, perdem o direito aos premios

Bilhete da "Tômbola Operária", espécie de loteria para arrecadação de fundos para o jornal *A Classe Operária,* que oferecia como prêmio retratos de Herculano de Souza e de Lênin e livros sobre a "questão social". *Pront. 937 - Jose Bezerra Cavalcante Albuquerque.* DEOPS/SP, DAESP.

A morte do herói Herculano citada com freqüência nos panfletos era considerada um marco. Como as primeiras lutas operárias em Santos ocorreram sob influência anarquista, o PCB necessitava de um mártir/herói para provar o envolvimento do partido nas lutas dos trabalhadores da cidade. Herculano de Souza foi assassinado durante um comício comunista em 23 de agosto de 1931, na Praça da República. Possivelmente, foi o primeiro membro do partido a morrer pela ação policial, fato comumente resgatado para demarcar a influência do PCB.

Um panfleto apreendido com o estivador Vicente Vaz Rodrigues, acusava a polícia de Miguel Costa de ser covarde, carrasco e agente do Imperialismo Americano. Herculano de Souza emerge como o "valente camarada":

> O ano passado, isto é em 23 de agosto de 1931, quando o partido do proletariado, o Partido Comunista realizava na Praça da República um comício de protesto contra a morte de Sacco e Vanzetti, a polícia de Miguel Costa, agente do Imperialismo Americano, representada pelo carrasco Bianco Pedroso, covardemente investiu contra a massa trabalhadora, espaldeirando-a e matando a tiros o nosso valente camarada Herculano de Souza e ferindo o camarada Victor Garcia. *O dia 23 deste ano, com mais razão ainda deve ser comemorado pelo proletário de Santos; faz um ano que o nosso camarada foi assassinado.*[40]

O PCB tentava estabelecer uma tradição de luta sob sua hegemonia para fazer com que os trabalhadores esquecessem o passado anarquista. Apesar de a presença do partido ser anterior a 1931, ano do assassinato do ensacador Herculano, ela só poderia ser lembrada enquanto fato. Como a influência do partido não era majoritária nas greves ocorridas antes de 1930, o assassinato do estivador transformou-se no marco que fixava na memória dos trabalhadores o começo de uma nova era, sob a influência comunista. Não era por acaso que o panfleto estabelecia uma cronologia a partir da morte do ensacador.

[40] Panfleto. 1933. *Pront. 2846 - Vicente Vaz Rodrigues*. DEOPS/SP, DAESP (grifo nosso).

No tocante às associações de estrangeiros, a situação era distinta daquela vivenciada pela FNB, visto não haver organizações exclusivas de estrangeiros que defendessem o *status quo*. A maioria das entidades com presença estrangeira identificava-se com o ideário dos grupos de esquerda e estava voltada para o internacionalismo operário. Dentre essas, temos o Socorro Vermelho Internacional, o Centro Internacional, o Comitê Antiguerreiro e Antifascista ou mesmo o Centro Republicano Espanhol, que detinha influência comunista e estava ligado à luta antifranquista na Espanha. Nesse contexto, a propaganda "subversiva" relacionada ao "herói estrangeiro" referia-se a um temor comum daqueles que residiam na cidade: o risco de deportação.

A forma apropriada encontrada pelo PCB para unir as diversas nacionalidades de estrangeiros era anular o país de origem do "herói" e enfatizar a deportação, temor comum aos não-nacionais que desafiavam a ordem vigente. Tendo em vista que, contrariamente ao que ocorria em relação ao negro, a polícia acreditava que o estrangeiro demandava atenção redobrada porque, como era estranho às tradições nacionais, poderia trazer ideologias exóticas como o anarquismo e o comunismo. Nesse caso, um estrangeiro exigiria uma vigilância maior, pois poderia se utilizar do seu idioma materno para confundir a polícia, ler livros subversivos em idioma estrangeiro ou ser um elo de ligação entre os comunistas nacionais e os estrangeiros.

Nesse contexto, ainda que o processo de heroificação fosse independente do mito da *cidade vermelha* (inerente à identidade comunista), havia objetivos específicos atrelados à criação de "mártires", a saber: fazer com que negros e estrangeiros de Santos percebessem que sendo os seus algozes os mesmos, ou seja, a polícia e a burguesia, deveriam lutar juntos como heróis e também demarcar a influência do partido a fim de fazer com que os proletários esquecessem os anarquistas. Logo, a despeito da existência da temática do "herói", os mártires não eram considerados o resultado direto da combatividade "histórica" da *cidade vermelha*.

A CAUSA ASSIM EXIGE: DE 1935 A 1945

Mas na nossa memória dificilmente poderão apagar-se as perseguições...

Após a "Intentona Comunista" de 1935, a violência do regime de Vargas acentuou-se contra os seus opositores políticos culminando na decretação do Estado Novo em 1937. O mito sustentava que a atuação dos comunistas nos "subterrâneos da liberdade" havia transformado Santos em um bastião de resistência à política fascista do regime e palco da primeira greve do Estado Novo, quando os trabalhadores se recusaram a trabalhar nos navios que empunhavam a bandeira da Espanha franquista.

Reconstruiremos os entraves estruturais a uma mobilização coletiva e política contra o regime, com o propósito de desmistificar a greve contra Franco em 1938. Em um segundo momento, apontaremos algumas formas de luta utilizadas pelos portuários e, por fim, analisaremos a opinião dos militantes locais no derradeiro período da ditadura de Vargas.

O regime instaurado especialmente com a decretação do Estado Novo em 1937 caracterizava-se pelo forte autoritarismo, no qual as liberdades políticas e intelectuais estavam circunscritas. Da mesma forma, estavam fechadas as vias institucionais para a expressão da dissidência política. As organizações de massa que poderiam fazer oposição ao governo, como o PCB ou mesmo o Integralismo, sofreram sistemática repressão policial e os sindicatos foram mantidos sob controle estatal.

Ainda que sem a "direção" do PCB ou do comando de seus sindicatos, os trabalhadores poderiam espontaneamente entrar em greve. No entanto, a legislação em vigor considerava crime "...instigar ou preparar *a paralisação dos serviços públicos ou de abastecimento da população*, instigar desobediência coletiva ao cumprimento da Lei, *assim como induzir empregadores ou empregados à cassação ou suspensão do trabalho* - Decreto-lei n.º 431".[41]

---

[41] Relatório do Delegado Regional de Santos, Pedro de Alcântara Delegacia Regional de Santos. Santos, 20 de setembro de 1938. *Pront. 5014 - Antônio André Garijio*. DEOPS/SP, DAESP.

Uma greve no porto se encaixaria perfeitamente na legislação acima, sendo então considerada crime. Ademais, a legislação procurava excluir os trabalhadores mais engajados politicamente, pois a Lei Federal n.° 136, de 14 de dezembro de 1935, previa penalidades - incluindo o cancelamento da concessão - às empresas que possuíssem "a seu serviço funcionários, empregados, ou operários, filiados, ostensiva ou clandestinamente, a partido, centro, agremiação ou Junta de existência proibida, ou que tenham cometido, há menos de dez anos, qualquer dos casos definidos como crimes".[42] A referida lei fez com que a diretoria da Cia. Docas remetesse um ofício ao DEOPS para saber o que havia em seus arquivos sobre os empregados da empresa.[43]

Convém abrirmos um parêntese para observarmos que houve um esvaziamento dos conflitos raciais e nacionais na estiva, tendo em vista a intensificação do discurso anticomunista e nacionalista difundido pelo governo. Essa ideologia embasou o Decreto-lei 1371, de 1939, que restringia o número de trabalhadores estrangeiros no porto para 1/3 do efetivo, exigia a naturalização dos estrangeiros residentes há 10 anos no país e tinha por intuito pacificar o ambiente no porto.[44] Ademais, a ideologia nacionalista defendia que o Brasil iria alcançar o progresso por meio da união das classes em torno de Getúlio Vargas, tendo o trabalho como ideal, o que implicava rotular como inimigos da Nação todos aqueles que criticavam o governo. Como afirmou o militante da Frente Negra e simpatizante do PCB José Corrêa Leite, *"o Estado Novo – nome que Getúlio deu à ditadura – terminou com todos os movimentos de lutas sociais do negro porque eram considerados luta de classe"*.[45] Nesse contexto, houve um atenuamento dos conflitos raciais, nacionais etc. em prol da emergência do conflito entre os comunistas e os defensores da "ordem" e da "pátria".

[42] Lei nº 136 de 14 de dezembro de 1935.

[43] Ofício do Dr. Washington de Almeida, advogado ao Superintendente de Ordem Política e Social. Santos, 28 de abril de 1936. *Pront. 4364 - Sindicato União dos Operários*. DEOPS/SP, DAESP.

[44] Cf SARTI, 1981, p. 45. Interessante notar que a autora utiliza a palavra "pacificar", mas não explicita quais foram os conflitos.

[45] LEITE, 1992, p. 137.

Retomando a questão dos entraves estruturais à organização dos trabalhadores que, mesmo sem a organização do PCB, à revelia do sindicato e contra a legislação, optassem por iniciar uma greve no porto, entrava em cena o forte aparato repressivo. No caso específico do cais, pela própria importância estratégica, não havia um monopólio da violência legal, mas uma gama de personagens com poder de prisão, a saber: os investigadores do DEOPS, a polícia de Santos, o Capitão dos Portos e a Polícia Marítima.

Nesse contexto, havia a possibilidade de uma greve no porto?

Nos moldes daquela relatada por Jorge Amado e corroborada por alguns trabalhos historiográficos[46], ou seja, um movimento com grande apoio dos operários e claramente político, como a greve contra o general Franco, não. Uma greve contra o general espanhol podia até ser um anseio dos comunistas da época, mas não havia condições de ser levada a cabo em 1938: nenhuma fonte jornalística, policial, oral ou mesmo da propaganda "subversiva" faz alusão ao dito movimento. O fato de os historiadores citarem uma greve cuja única "fonte" é o romance de Jorge Amado é indicativo da força do mito. No entanto, não queremos dizer que os trabalhadores se submeteram às condições estruturais adversas e não lutaram contra a exploração, mas definir os contornos que caracterizaram as lutas operárias.

No tocante às greves, no período de 1935 a 1945, as fontes destacam a ocorrência de uma paralisação em 1938 que, segundo a polícia, ocorreu sob o "fútil pretexto de uma assembléia no Centro dos Estivadores" e outra, em abril de 1945, quando o regime vigente dava mostras de flexibilidade.

Poucas são as informações sobre a interrupção do trabalho em 1938, no entanto, um dos indiciados pelo "crime" era Antônio André Garijio, o "Navalhada", já citado anteriormente. Garijio era acusado de agir no porto sob a proteção policial

[46] Cf ARAÚJO, 1985, p. 62; GONÇALVES, 1995, p. 76; ALEXANDRINO,C.; SILVA, M. 1988, p. 34. Para uma relativização do texto de Jorge Amado, mas sem negar a existência da greve, ver SILVA, F. 1995, p. 77.

no começo dos anos 30, chegando a ocupar o posto de presidente do Sindicato dos Estivadores (sendo elogiado como um "mantenedor da ordem"[47] pelo jornal conservador *A Tribuna*) no ano da referida paralisação. Também foi acusado de "trair" uma greve em 1946, ao levar uma comissão de trabalhadores a uma cilada no DEOPS. Podemos concluir que a greve não possuía uma conotação de choque contra a ordem estabelecida.

No que se refere à greve ocorrida em 1945, quando o regime já perdia força e dava mostras de flexibilização (em fevereiro ocorreu a assinatura da lei prevendo eleições), ela é um bom indicativo do que poderia ser feito na época em matéria de greve e do que o mito acreditava que os portuários poderiam fazer. Há uma discrepância entre a reconstrução da greve feita pelos historiadores e aquela oriunda do jornal conservador *A Tribuna*.

Para a historiografia, a greve foi encarada, com razão, como um símbolo da retomada "vigorosa" do movimento sindical em Santos. No entanto, a atitude dos portuários durante os dezenove dias em que perdurou a paralisação foi descrita como demonstrativa da "coesão, firmeza e solidariedade de outras categorias, como os ferroviários e os estivadores", pois os portuários se comprometeram a voltar ao serviço, mas alegavam contar com o apoio de todos os 32 sindicatos da Baixada Santista (60 mil operários) dispostos a retomar a greve, caso o acordo selado não fosse cumprido.[48]

A versão apresentada pelo jornal *A Tribuna* divergia sobremaneira daquela reproduzida acima. Para esse jornal,

> FOI UM MOVIMENTO ORDEIRO
>
> Não trabalharam, mas não abandonaram seus postos. Não desacataram as autoridades, embora não pudessem atender de pronto suas sugestões e argumentos. Não provocaram nem buscaram a solidariedade de outras categorias ligadas ao serviço

[47] "Centro dos Estivadores de Santos". In jornal *A Tribuna*. Santos, 26 de março de 1938.

[48] Cf. GONÇALVES, 1995, p. 79; SILVA, 1995, pp. 87-97.

A gravura mostra os esforçados elementos que constituem a actual Junta Governativa do Centro dos Estivadores, vendo-se ao centro o seu presidente, sr. Antonio André Garijo

Junta Governativa do Centro dos Estivadores de Santos no ano de 1938, presidida por Antonio André Garijio. *A Tribuna*. Santos, 26 de março de 1938. *Pront. 2594 - Centro dos Estivadores de Santos*. DEOPS/SP, DAESP.

> no porto. Não desrespeitaram a presença do inspetor geral da Cia. Docas, quando a eles falou em tom cordial e amistoso (...) Pediram desculpas públicas aos srs. comandantes Bezerra da Silva, dr. Cruz Seco e Afonso Celso Paula de Lima por não poderem atender a seu insistente pedido para a cessação da parede. Não cometeram qualquer ato de sabotagem, respeitando seus postos e instrumentos de trabalho. Não fizeram comício, nem comentaram com palavras bruscas os motivos da greve. Não foram arruaceiros. Não fugiram à responsabilidade, foram conscientes e ordeiros em sua atitude.
>
> Foi esse o aspecto moral e social da greve dos operários da Docas. Eles pleitearam uma reivindicação justa, aliás reconhecida pela própria empresa patronal, concedendo-lhes grande parte do aumento pretendido...

A historiografia e o jornal *A Tribuna* deram um significado à greve muito mais expressivo do que aquilo que realmente ocorreu. Para a visão dominante, os trabalhadores eram submissos ao governo, reivindicavam apenas aumento de salário e, mesmo assim, só quando a própria companhia empregadora reconhecia que isso era justo. O jornal difundia esse discurso para que os leitores tivessem um exemplo de como deveria ser um movimento grevista. Contrapondo-se a essa visão, a historiografia "heroificou" os trabalhadores, dando uma força que eles não possuíam naquele período. Ainda que os portuários tivessem se tornado uma ameaça, com a adesão de 60 mil trabalhadores, essa ameaça não poderia ser concretizada. O jornal *A Tribuna* poderia silenciar sobre as reivindicações dos operários, mas não o faria caso contasse com esse apoio maciço.

Nesse sentido, no período de 1935 a 1945, as greves realmente sofreram um claro revés. No entanto, não devemos concluir que os trabalhadores foram submissos e não resistiram, mas definir como tal resistência ocorreu. E a reportagem de *A Tribuna* é um indicativo de possibilidades abertas pelo espaço portuário às lutas do dia-a-dia.

As oportunidades para os trabalhadores demonstrarem seu descontentamento variavam desde roubo de mercadorias, contrabando, sabotagem, destruição de máquinas, morosidade no trabalho, panfletagem e conversas "subversivas", transformando o porto num espaço a ser vigiado. A tarefa de reconstrução dessas lutas é árida, todavia, a documentação do DEOPS permite o resgate de parte delas a partir da própria repressão cotidiana.

Os policiais mantinham grande controle dos sindicatos, inclusive com elementos infiltrados que relatavam qualquer alteração na ordem. Durante uma assembléia ocorrida em julho de 1937, um estivador ligado à polícia anotou que:

> ... compareceram (...) diversos sócios que não quiseram reconhecer a presença do Sr Capitão dos Portos (...) perturbando de tal forma os trabalhos (...) [e] dando motivo a que o Sr Presidente do Sindicato desse por encerrada a sessão (...)
> Por todos esse casos verificados, encontra-se o Cais, desde o Armazém 1 até o (...) 27, policiado. Os principais causadores de perturbação da sessão são, na sua maioria, estrangeiros e coadjuvados por alguns nacionais que tem o seu nome envolvido nos acontecimentos de novembro.[49]

Uma das características comuns aos comunistas nesse período de repressão era omitir a sua ideologia em espaços públicos. Nesse sentido, os estivadores comunistas somente reivindicaram a liberdade de discussão de assuntos referentes à classe sem a intervenção governamental direta ("a do Capitão dos Portos"), sem propriamente pregarem a revolução. O trabalhador a serviço da polícia sabia que eram comunistas ("acontecimentos de novembro") porque já os conhecia. O cais foi policiado e os trabalhadores seriam presos após o envio de um novo relatório contendo o nome dos envolvidos. No relatório, nota-se que a questão do estrangeiro, durante o Estado Novo, não era relacionada aos conflitos nacionais, raciais etc., mas intimamente ligada à imagem do estrangeiro revolucionário.

A panfletagem era uma das possibilidades dos comunistas difundirem seus ideais, valendo-se da tática de deixar

[49] Ofício de Manoel Tiburcio de Oliveira a Egas Botelho, Superintendente de Ordem Política e Social de São Paulo. Superintendência de Ordem Política e Social, Serviço Especial. Santos, 2 de agosto de 1937. *Pront. 2594 - Centro dos Estivadores de Santos*. DEOPS/SP, DAESP.

os documentos em lugares acessíveis aos trabalhadores, de tal forma que os operários acabariam por tê-los em mãos. Foi o que ocorreu com o estivador João Gomes Gonçalves, quando embarcava mamona no porto de Santos:

> ...notou que um dos sacos (...) contendo a mercadoria que estava sendo embarcada se havia descosturado; que ao ser recosturado o dito saco, encontrou o depoente oculto na dobra da costura, um pequeno boletim extremista; que isto lhe despertou a atenção e passando a examinar outros sacos que ainda estavam na galera da qual se fazia o embarque (...) encontrou (...) também ocultos sobre a dobra da costura dos sacos, mais quatro boletins, também subversivos e ainda um boletim em ponto grande [sic], também subversivo, que o depoente, vendo a gravidade que o caso encerrava, fez a seguir entrega dos boletins ao seu superior hierárquico.[50]

Essa estratégia, ao mesmo tempo que garantia o anonimato para o autor do "crime", possibilitava a difusão das idéias sem restrição policial. Os panfletos poderiam ter sido depositados em qualquer ponto da costa nacional da mesma forma como poderiam ser enviados a qualquer porto brasileiro. A polícia permanecia atenta às lutas cotidianas dos comunistas e destacou um de seus investigadores para acompanhar o ensacador Deoclécio Augusto Santana. Segundo o investigador, o operário

> ... vem de há muito movendo uma "cerrada" campanha contra a direção do Sindicato (...) perturbando o trabalho de operários desse Sindicato, ameaçando os seus diretores, e promovendo discórdia entre as classes trabalhistas, em uma palavra, agitando a massa operária (...) no dizer das testemunhas (...) andavam em "bando" (...) "percorrendo os Armazéns de café, em hora de serviço de ensaque e embarque de café, com listas, angariando dinheiro (...) para custear viagens no Rio, onde pretendiam falar com as autoridades no sentido de depor a diretoria do Sindicato"; "paralisar o serviço normal dos operários com o fito de depor a atual diretoria do Sindicato", "ameaçam os operários

[50] Assentada de João Gomes Gonçalves a Manoel Ribeiro da Cruz. Delegacia Regional de Polícia de Santos. Santos, 21 de dezembro de 1936. *Pront. 561 - Delegacia Regional de Polícia de Santos*, 7ºv. DEOPS-SP, DAESP.

> ensacadores quando estes se negam a assinar listas". O relatório do investigador que se infiltrou no meio trabalhista encerra uma longa e criteriosa observação sobre a atitude desses agitadores.[51]

Embora o relatório parta de uma idéia preconcebida sobre a atuação comunista, podemos vislumbrar os diálogos constantes com os outros trabalhadores com o intuito de obter o apoio dos mesmos, tanto financeiro quanto moral, para conseguir tomar posse do sindicato da categoria.

Essa resistência cotidiana tem uma importância fundamental no que se refere à visão que os comunistas tinham do Estado Novo. O ensacador Deoclécio, um dos que assinaram o manifesto do Comitê Democrático dos Operários Ensacadores de Santos, publicado no jornal *A Tribuna* afirmava que:

> *Ninguém entre nós desconhece a dificuldade e sofrimentos da penosa marcha que todas as forças populares brasileiras empreenderam e estão empreendendo para a concretização dos ideais de liberdade, bem estar e independência* (...)
> Hoje finalmente estamos vivendo dias de lutas e vitórias.
> Lutas e vitórias nos campos de batalha (...)
> Lutas e vitórias na frente interna (...)
> (...) o dever nos indica que devemos continuar unidos e mobilizados (...) *lutando por uma saída pacífica dos tenebrosos anos durante os quais ficamos submetidos contra vontade.*
> A numerosa família dos companheiros carregadores e ensacadores de café de Santos está desunida. Nosso Sindicato encontra-se dirigido por ensacadores que não querem ser amigos da sua classe. *Compreendemos que não é este o momento para ódios e ressentimentos porque nos achamos acima desses baixos sentimentos e porque a causa assim exige. Mas na nossa memória dificilmente poderão apagar-se os vexames e as perseguições que nos fizeram, somente por desejarmos a nossa sindicalização, visto que todos somos descontados em nosso pequeno salário, para o sindicato, sem no entanto podermos pertencer a ele, tanto que muitos companheiros foram fichados na polícia só por denunciar os erros, e procurar os seus direitos* (...)

[51] Relatório de Nelson da Veiga, delegado de polícia, ao TSN. Delegacia de Polícia. Santos, 1 de outubro de 1944. *Pront. 37642 - Deoclécio Augusto Santana*. DEOPS/SP, DAESP.

> A Comissão Democrática se propõe a defender (...)
> 1º) Governo integrado de elementos democráticos (...) permitindo ampla liberdade de palavra e de organização, inclusive de partidos políticos
> 2º) Ajuda material e moral à FEB, como a grande arma de libertação do Brasil.
> 3º) Anistia total e ampla a todos os presos e exilados políticos.
> 4º) Liberdade sindical para (...) efetivamente unirmos todos os trabalhadores.[52]

O ensacador negro Deoclécio, apesar de afirmar que a classe está desunida, apresenta para isso motivos que diferem daqueles do período anterior: não eram as divisões de nacionalidade e raça, mas sim as divergências políticas. O ensacador não afirmava, mas os vexames e perseguições eram devidos a sua ideologia comunista, o que ele se propõe a esquecer, "para não enfraquecer a classe", desde que a união da família ensacadora se fizesse através do Comitê Democrático.

No programa político, há uma associação entre o papel da FEB e dos presos e exilados políticos, uma vez que essa atuação é destacada como "arma de libertação do Brasil" seguida do pedido de anistia aos presos políticos. Era como se os comunistas dissessem que chegava a hora do reconhecimento de que o papel desempenhado pelos "pracinhas" na Europa era o mesmo dos comunistas durante o Estado Novo, sendo que estes últimos acabaram "fichados e envergonhados". O manifesto não afirmava categoricamente essas questões, tendo em vista o fato de não haver "ampla liberdade de palavra", mas deixa claro que os operários não foram fichados na polícia por quererem se sindicalizar ou reivindicar seus direitos, mas porque, como comunistas, se opunham politicamente ao regime, sendo fichados como "presos políticos".

O manifesto ilustra a memória dos militantes comunistas sobre o período do Estado Novo: as perseguições e os vexames eram difíceis de esquecer, mas como o PCB ("a causa"), a partir da Conferência da Mantiqueira (1943), defendia a União

[52] Manifesto do Comitê Democrático dos Operários Ensacadores de Café de Santos. Jornal *A Tribuna*. Santos, 6 de abril de 1945.

Nacional (e não a luta de classes), os militantes estavam dispostos a esquecer esses fatos contanto que suas lutas fossem reconhecidas como uma extensão da luta dos pracinhas e que eles pudessem voltar a disputar o poder (liberdade sindical, partidos políticos).

A mesma esperança que os avanços democráticos advindos da Segunda Guerra Mundial produziam no Brasil pode ser constatada nas palavras do professor comunista João Taibo Cadorniga, em artigo publicado na seção "Sindicalismo" do jornal *A Tribuna*:

> Da tremenda convulsão que há cinco anos se amortalha o mundo, começam, enfim, a se delinear os planos de uma aproximação mais equânime, justa e sincera, entre os homens e os povos. Desfazendo-se, aos poucos, os vestígios da longa e tenebrosa noite que obscureceu os horizontes da terra. Delineiam-se, no sentido mais elevado de justiça e da liberdade, os destinos do mundo no pós-guerra. Nem outro poderá ser o anseio humano. *A soma dos sofrimentos e a grandeza das experiências acumuladas neste conflito reforçam a concretização de um futuro bonançoso, destituído das desigualdades que recalcam os sentimentos e provocam as violentas reações*. E, a cada instante, mais se avoluma a crença nesse mundo melhor e ansiosamente esperado e desejado. Os episódios conseqüentes da guerra, nestes últimos meses, sucedem-se e sublimam-se tão vertiginosamente, numa seqüência de surpresas tão alvissareiras, que inegavelmente puderam ser vaticinadas como o preâmbulo de uma nova era na história dos povos: "As vezes quando as correntes sociais são demasiado intensas, elas, por si mesmas, cavam o leito por onde se precipitam, animadas de própria vida, exuberantes de forma, impressionantes e fortes" (...)
> Os ecos da conferência de Yalta ressoam ainda vigorosos e decisivos, destacando-se, também pelo alcance e pela beleza dos seus projetos, o Congresso Interamericano realizado a pouco no México (...)
> Perpassam igualmente, pela nossa imaginação, a enorme legião de operários que percebe "os salários de fome" com o conseqüente desespero da subnutrição; o ambiente infecto e pestilencial dos mocambos; a promiscuidade aviltante e vergonhosa das habitações coletivas; a distribuição iníqua e injusta da distribuição dos bens; a privação da soberania popular; a sonegação da liberdade das associações e sindicatos de classe; a proporção alarmante de analfabetos; e todos os males que

> provocam, em todos os países da América, o aumento doloroso dos sem esperança (...)
> A consciência do mundo despertou. De todos os lados ouve-se a partitura sublime da vitória e em todos os corações renascem as esperanças para um mundo cheio de igualdade, de justiça e de liberdade.[53]

João Taibo Cadorniga acreditava que o acúmulo de experiências e o sofrimento produzido pela Segunda Guerra Mundial fizeram com que a consciência mundial despertasse e a população desejasse uma aproximação mais "equânime, justa e sincera" entre os homens e os povos. Entre os povos, Cadorniga se refere aos países da Europa e aos conflitos entre nações desenvolvidas. Entre os homens, ele se refere à América Latina, onde a violência era oriunda da desigualdade entre ricos e pobres ("destituído das desigualdades que recalcam os sentimentos e provocam as violentas reações") Embora mundial, a aproximação começava entre os Povos ("Conferência de Yalta") para depois "ecoar" na América Latina ("Congresso Interamericano") aproximando os homens, isto é, diminuindo a distância social entre as classes. Cadorniga fala em sofrimento como um sentimento compartilhado por toda a população mundial, pois não sofreu as perseguições diárias a que estavam expostos aqueles que, como o ensacador Deoclécio, eram alijados do mercado pelos sindicatos do Estado Novo. Todavia, ambos compartilhavam a euforia das vitórias aliadas e vislumbravam aquelas que o futuro reservava.

Com base nessas reflexões, podemos afirmar que, a despeito dos comunistas não terem sido capazes de organizar um movimento político de massa no porto de Santos durante o Estado Novo como sustentava o mito, o final da Segunda Guerra Mundial fez com que eles reconhecessem a sua militância diária e constante como uma contribuição decisiva para o avanço democrático mundial. E mesmo aqueles que foram perseguidos como o ensacador Deoclécio estavam dispostos a esquecer o passado em prol de um futuro vitorioso.

[53] CADORNIGA, J.T. "Precisamos acabar com o espetáculo dantesco dos homens sem esperança". In *A Tribuna*. Santos, 4 de abril de 1945.

DE MOSCOUZINHA À CIDADE DE PRESTES (1945 - 1951)

O mito da *cidade vermelha*, fundamentado na obra de Jorge Amado, tem sido a base para examinarmos algumas idéias recorrentes sobre o movimento operário da cidade de Santos. Todavia, a partir de agora, discutiremos como tal mito surgiu segundo a formulação dos próprios sujeitos históricos do período: os militantes locais e o PCB.

O grande paradoxo é a abundância de expressões sobre Santos citadas por historiadores[54] e ex-militantes, tais como *moscouzinha, Moscou brasileira, cidade vermelha, porto vermelho.* Também é significativa a relativa escassez de fontes textuais que usem tais denominações.

Em um primeiro momento, a contradição entre a força da memória e a ausência documental é tão evidente que poderia levar à crença de que o mito não foi concebido pelos comunistas do período e só teve lugar através da pena de Jorge Amado e nos devaneios sentimentais de ex-militantes. Tomando o silêncio das fontes como questão, investigaremos o que ele significou no período de 1930 a 1951.

Um primeiro aspecto a ser ponderado é o fato do mito ser impensável antes de 1945, por motivos já discutidos. Em segundo lugar, é importante destacar que se trata de um discurso criado pela classe operária, cujos meios de difusão de seus ideais sempre se encontraram em condições de desvantagem em relação à elite e, por último, deve-se atentar para a repressão praticamente ininterrupta ao PCB durante toda a sua existência.[55]

Nesse sentido, poderíamos supor que a propaganda subversiva referente à *cidade vermelha* não resistiu à turbulenta história partidária, ficando restrita às lendas e aos testemunhos orais dos portuários. Não é essa a situação e a abundân-

[54] SILVA, 1995, p.107; SARTI, 1981, p. 81; SANTOS, 1997, p. 38.

[55] O PCB foi um partido legal durante 1247 dias, entre 25 de março de 1922 e 25 de janeiro de 1985. Cf. CANALE, 1986, p. 84 apud BRANDÃO, 1997, p. 166.

cia de panfletos nos arquivos do DEOPS silencia sobre a *moscouzinha* por motivos relacionados aos desígnios do PCB.

A despeito de estarmos falando do mito como se fosse algo uno e indivisível, ele certamente não o foi. As diversas expressões detinham significados diferentes e foram elaboradas por sujeitos distintos. Os cognomes de *porto vermelho, cidade vermelha, moscouzinha e Moscou brasileira* atrelavam Santos à cor (vermelha) ou à cidade (Moscou) que simbolizavam o comunismo internacional, enquanto os epítetos de *cidade heróica, democrática, de Prestes* não faziam menção direta ao socialismo. Eis a chave para entendermos o silêncio, ou melhor, a adequação da narrativa aos interesses do PCB.

O único registro documental referente ao primeiro grupo das denominações acima mencionadas não advém do partido, mas sim de um relatório policial de 1951 sobre a Associação Beneficente dos Empregados da Cia. Docas (ABECDS), espécie de sindicato paralelo sob a hegemonia do partido:

> A fim de conhecer as causas do que ocorreu torna-se necessário fazer um resumo da vida associativa da referida entidade [ABECDS] principalmente nos últimos anos (...) *quando o partido comunista em 1945 obteve registro, o comunismo se expandiu pela sua intensa propaganda, na urbs de Braz Cubas, muito mais, pois adquiriu grande número de adeptos, os quais por conveniência de seu credo vermelho a cognominaram de cidade de Moscou*.[56]

Esse documento arrola aspectos interessantes, pois refere-se ao ano em que surgiu uma das denominações atribuídas à cidade de Santos ("1945"), quem a criou ("os adeptos locais") e utiliza um epíteto ("cidade de Moscou") que não foi citado pela historiografia nem pelos ex-militantes.

A razão pela qual nenhum dos documentos produzidos pelo PCB tenha utilizado as expressões do primeiro grupo, aquelas que faziam referência a "vermelho" ou a "Moscou",

---

[56] Relatório de José Carlos Franco, 4º Delegado de Polícia de Santos, para o Delegado Auxiliar da 5º Divisão Policial da Capital. Secretaria do Estado dos Negócios da Segurança Pública, Delegacia Auxiliar da Polícia de Santos. Santos, 11 de abril de 1951. *Pront. 92455 - Aloisio Soares de Vasconcelos*. DEOPS/SP, DAESP.

se faz presente ao longo desse relatório. Para explicitá-la, precisamos analisar porque surgiram essas denominações e porque o documento citado utiliza a expressão "cidade de Moscou".

Como vimos anteriormente, o fim da Segunda Guerra Mundial e os avanços democráticos no campo de batalha europeu foram vistos com euforia pelos militantes locais que esperavam que o prestígio dos "pracinhas", combatentes da Frente Expedicionária Brasileira (FEB), ampliasse a liberdade sindical e legalizasse o PCB, o que acabou por acontecer. O partido lançou, então, a candidatura de Yedo Fiúza à presidência da República no pleito de 1945. No plano nacional, o partido foi o terceiro mais votado, alcançando resultados surpreendentes em Santos: Yedo Fiúza obteve votação de 45,6% contra a média nacional de 9%, Prestes, "o Cavaleiro da Esperança", foi o senador mais votado e o estivador Osvaldo Pacheco foi eleito Deputado Federal.[57]

Em um intervalo de menos de seis meses, os adeptos locais viram seus sonhos se materializarem nas vitórias do PCB: o avanço "democrático" na "Frente externa" (Europa) chegou à "Frente interna" (Brasil). No eufórico ano de 1945, os adeptos locais acreditavam que a maré de "igualdade, de justiça e de liberdade", vinda do campo de batalha, havia conquistado a primeira cidade brasileira para em seguida prosseguir a sua marcha e se espalhar pelo país. Pelo fato de os comunistas acreditarem que a vitória do partido em Santos era uma conseqüência do avanço internacional da ideologia marxista, a cidade recebeu os epítetos que a relacionavam à cor e à cidade símbolos da "libertação mundial". Não por acaso o relatório acima utiliza as palavras "vermelho" e "Moscou", pois foram elas as adotadas pelos adeptos locais para denominar a cidade. No entanto, o sentido dado pela polícia diferenciava-se daquele oriundo dos militantes.

O delegado de Santos recriou a expressão de acordo com o imaginário dominante que caracterizava o povo brasileiro como democrata, patriota e avesso ao comunismo ou outras

[57]Luís Carlos Prestes obteve 20.292 votos e Oswaldo Pacheco, 16.301. Cf. Gonçalves, 1995, pp. 84-55.

ideologias consideradas "exóticas" às tradições nacionais. Como ele poderia se referir a uma cidade que democraticamente sufragou o candidato do PCB à presidência?

Ao utilizar o epíteto de *cidade de Moscou*, o delegado considerava que, ao optar pelos candidatos do PCB, Santos deixava de pertencer ao Brasil e passava a ser comandada pela União Soviética: por ser comunista, ela não poderia ser um município "do Brasil", tinha que ser "de Moscou". Santos não era um exemplo de que o comunismo poderia chegar ao poder via eleições, mas do risco que corria o país caso o PCB fosse legalizado: o risco de perder uma de suas cidades para "Moscou". Nesse sentido, embora o relatório citado afirmasse que os adeptos locais tenham cognominado Santos de "cidade de Moscou", esse epíteto não era utilizado, tendo em vista que os comunistas visavam expandir a sua ideologia e não excluir Santos da pátria.

Essa visão sobre a cidade de Santos também está presente em um relatório policial sobre a invasão da gráfica do jornal *Hoje* pelo DEOPS sob a acusação de que o periódico defendia a "insurreição contra os órgãos da soberania nacional". Houve conflito durante a ação e, segundo o relatório:

> Se a esta delegacia não é possível apresentar à Justiça Pública os elementos foragidos, como autores positivos de um delito e muito menos descrever-lhes condições de domicílio e meio de vida, o mesmo já não acontece a 11 dos indiciados presos em flagrante: constituem-se, na sua quase totalidade, *de elementos expressamente importados da vizinha cidade de Santos, conhecido feudo da agitação do comunismo, e procedentes das classes 'menos esclarecidas', no dizer do M M. Juiz da 3ª Vara daquela Comarca, de estivadores e portuários, aliciados pelos demagogos que, a serviço de Stalin, são no Brasil capitaneados por Prestes* (...)
> Elementos presos em flagrante delito (...)

NOME	PROFISSÃO	RESIDÊNCIA
Francisco Corrêa de Melo	Estivador	Santos
Rufino Coitin	Ensacador	Santos
José Rodrigues	Portuário	Santos
Antônio Nascimento	Estivador	Santos
Germiniano Martins Oliveira	Operário	Santos
Jacinto Rodrigues	Portuário	Santos
José Ba tista	Ensacador	Santos
Oscar Faustino dos Santos	Mot. Ass. Legislativa	Santos
Henrique Júnior	Func. da DER	Cubatão
Luiz Pacheco da Silva	Estivador	Santos
Durval Ramos de Azevedo	Operário	Santos[58]

Esse relatório cita ainda Estocel de Moraes, deputado eleito à Assembléia Constituinte do Estado de São Paulo, quando recebeu 17 mil sufrágios[59], quase todos de trabalhadores, como "autor intelectual e chefe da resistência armada". E acusa os detidos de "sicários", afirmando que:

> ...representavam, sob o rótulo de "Vigilantes", elementos assalariados, procedentes de Santos, na sua quase totalidade, e recrutados entre estivadores e portuários, conservados em ajuntamento ilícito.[60]

Três passagens merecem atenção especial por expressarem a visão que a polícia passou a ter sobre a cidade: "sicários", "classes menos esclarecidas" e "conhecido feudo comunista". Ao sufragar a vitória de Fiúza, Santos contrariou o con-

---

[58] Relatório de Eduardo Louzada da Rocha, Delegado Especializado de Ordem Social. Secretaria do Estado dos Negócios da Segurança Pública, Departamento de Ordem Política e Social, Delegacia Especializada de Ordem Social. São Paulo, 13 de janeiro de 1948, p. 21-23 e 28. *Pront. 86746 - Estocel de Moraes.* DEOPS/SP, DAESP.

[59] Estocel de Moraes dá nome a uma das ruas do município de Santos. Cf. RODRIGUES, 1975, p. 226.

[60] Relatório de Eduardo Louzada da Rocha, Delegado Especializado de Ordem Social. Secretaria do Estado dos Negócios da Segurança Pública, Departamento de Ordem Política e Social, Delegacia Especializada de Ordem Social. São Paulo, 13 de janeiro de 1948, p. 21-23 e 28. *Pront. 86746 - Estocel de Moraes.* DEOPS-SP, DAESP.

ceito de que os trabalhadores brasileiros eram avessos às doutrinas exóticas. Tal questão foi superada reforçando o discurso anticomunista: era um "feudo" porque os trabalhadores, sendo ignorantes ("classes menos esclarecidas"), eram seduzidos ("aliciados") por Prestes para tornarem-se criminosos violentos ("sicários") a serviço da URSS que os financiava ("assalariados"). O termo feudo traduz com primazia como a cidade passou a ser avaliada pelas autoridades: uma localidade cujo "senhor" não era o Brasil e sim a União Soviética, uma cidade de tal sorte expulsa da pátria que os estivadores foram chamados de "elementos importados". Para explicar a votação de Fiúza, nada mais fácil do que apelar para o preconceito contra as classes trabalhadoras, relacionando-as aos agitadores profissionais e à ameaça estrangeira. Esses argumentos se prestavam para justificar o ocorrido.

Sob esse duplo enfoque é que devemos olhar o silêncio sobre a *moscouzinha*: por um lado, os adeptos locais acreditavam que a expansão vermelha tinha conquistado sua primeira cidade e, por outro, a ideologia oficial associava o brasileiro à "ordem" e à repulsa às "ideologias exóticas". Como o PCB se referia à *moscouzinha* em um momento em que o partido defendia a união entre as classes e pretendia se firmar como "nacional", "democrático" e de "massa"?

Em 1946, os portuários boicotaram o trabalho em qualquer navio que empunhasse a bandeira espanhola. Tal boicote serviria como forma de repúdio ao governo do general Franco. A greve teve um acalorado discurso articulado pelos militantes locais e que merece ser comparado àquele sustentado pelo PCB. O professor e militante João Taibo Cadorniga prestou depoimento à polícia durante a greve, afirmando, em março de 1946, que naquele momento não havia nenhuma:

> ...ligação entre a "UGSTS" [União Geral dos Sindicatos dos Trabalhadores de Santos] e o "Movimento Unificador dos Trabalhadores" (...) [Na sua opinião] *as...finalidades* [do MUT] *nesta cidade já foram atingidas, que era justamente o* [sic] *de despertar o espírito associativo entre os trabalhadores, dando-lhes consciência de classe*, pois muitos trabalhadores viviam alheios ao seu sindica-

to de classe; que atualmente, *o "MUT" já atingiu essa finalidade e, praticamente, sua existência nesta cidade esta terminada.*[61]

Essa opinião foi reforçada pelo portuário Manoel Rodrigues Fernandez que, cinco dias após Cadorniga, ao prestar declarações ao delegado de Santos afirmou que:

> (...) a finalidade do MUT era a aproximação dos trabalhadores e seus Sindicatos de classe, pois havia nesta cidade muitos operários que não eram sindicalizados; que é certo que o MUT praticamente não mais existe nesta cidade, *isto em virtude de ter alcançado a sua finalidade que era justamente a de aproximação do trabalhador ao Sindicato* (...) *que o declarante é simpatizante do Partido Comunista.*[62]

Ao serem questionados sobre as relações entre a UGTS e o MUT, isto é, sobre a influência do partido naquela organização sindical santista, os comunistas responderam euforicamente. Depois de atravessarem o período em que as divisões raciais e nacionais eram problema e superarem as perseguições da ditadura Vargas, finalmente, os militantes diziam com orgulho que havia consciência de classe entre os trabalhadores da cidade. Em virtude de estar em interrogatório, o tom era contido e não havia sequer uma alusão ao fato de Santos ser a *moscouzinha*. No entanto, os dois simpatizantes deixam transparecer que acreditavam em uma ligação indissolúvel entre *trabalhadores/sindicato/comunismo*, de tal sorte que a finalidade do órgão sindical do Partido (MUT) já teria sido cumprida em Santos.

Durante a greve, o PCB organizou um comício na cidade que contou com a presença de seis oradores. Dentre eles, esta-

[61] Termo de declarações de João Taibo Cadorniga a Carlos Furtado de Mendonça. Delegacia Auxiliar da 7º Divisão Policial, 4º Delegacia de Polícia. Santos, 14 de março de 1946. *Pront. 102901 - Associação Beneficente dos Empregados da Cia. Docas de Santos*. DEOPS-SP, DAESP.

[62] Termo de declarações de Manoel Rodrigues Fernandes a Carlos Furtado de Mendonça. Delegacia Auxiliar da 7º Divisão Policial, 4º Delegacia de Polícia. Santos, 19 de março de 1946. *Pront. 102901 - Associação Beneficente dos Empregados da Cia. Docas de Santos*. DEOPS-SP, DAESP.

SECRETARIA DA SEGURANÇA PÚBLICA
DEPARTAMENTO DE ORDEM POLÍTICA E SOCIAL
SÃO PAULO

(1)
O Deputado Porfirio da Paz abraçando o ex-deputado João Taibo Cadorniga (2) na sala de audiencias da 2a. Vara Criminal, por ocasião do interrogatorio no processo sobre o manifesta da Intevenção.

O deputado João Taibo Cadorniga em 1948. *Pront. 6816 - João Taibo Cadorniga.* DEOPS/SP, DAESP.

vam o estivador Lúcio Ferreira Lima, o "Rolla", e Jorge Amado, importante membro do partido no período. Seus discursos expressam as diferenças entre os militantes locais e a direção nacional do PCB.

Segundo o investigador policial, o estivador:

> Não possuindo imunidades parlamentares, foi entretanto o orador que mais se avançou na recomendação à desobediência e nos ataques às autoridades. Iniciou a sua oração atacando *o Governo do General 'Dutra', que segue a orientação tipicamente fascista* (...), se orienta pela *gestapo* de Filinto Muller (...) [desde] Macedo Soares que vinga-se mandando encarcerar os trabalhadores de Santos, campeões da liberdade, ao General Alcio Souto que afirma ser condecorado por *Hitler* e velho amigo do ex-embaixador alemão no Brasil (...) *Esclarece os ouvintes que está compenetrado da responsabilidade e de suas palavras, reflexo de sua sinceridade*. Faz os maiores elogios da noite aos estivadores presos. Incita claramente os trabalhadores de Santos a não trabalharem nos navios espanhóis. *Afirma e pede que de forma alguma porque dele depende (...) os verdadeiros destinos democráticos do Brasil*. Incita o povo para que cada vez mais protestem e com a maior altivez possível.

O estivador, em momento algum, fez menção à cidade de Santos como a "vermelha", a "moscouzinha" etc. No entanto, o seu discurso é indicativo do estado de ânimo dos militantes locais que ainda estavam na euforia do pós-guerra. Os trabalhadores de Santos eram os campeões da liberdade porque a democracia ainda corria risco no Brasil, tendo em vista existir no país uma "gestapo" e admiradores de Hitler e do fascismo. O estivador não criticou o fascismo de forma geral, ideologia que os estivadores combatiam ao se recusarem a trabalhar em navios espanhóis, mas especificava que o próprio presidente da República era fascista. Lúcio Ferreira Lima ilustra como os militantes locais esperavam a continuação das lutas operárias para que o Brasil realmente conquistasse a democracia. Nesse sentido, a "sinceridade" do estivador era a de defender a atitude dos portuários, vistos como continuadores da guerra iniciada nos campos de batalha europeus, fazendo uso das "suas" palavras e não daquelas oriundas dos desígnios do partido.

Contrastando com as visões dos adeptos locais (Cadorniga , Fernandes e Lima), o discurso de Jorge Amado proferido durante o mesmo comício vislumbrou a visão ofi-cial do PCB.

> "*Saudando o povo de Santos, e o mais democrático do Brasil*" em nome do PCB, saúda o povo mais democrático do Brasil em nome do Deputado Oswaldo Pacheco e Silva e do Senador Luiz Carlos Prestes. Saúda os estivadores e doqueiros de Santos, companheiros que estão levantando bem alto a Democracia no Brasil cujo reflexo é admirado em todo mundo, e saúda principalmente os camaradas que estão encarcerados, por lutarem pela democracia, e para derrubarem os imperialistas, os reacionários e a "canalha fascista" (...) Elogia o Deputado Oswaldo Pacheco e Silva, "o vosso querido deputado saído do povo e que com tanta galhardia vem defendendo os interesses do trabalhador santista (...) Lutaremos na Assembléia Constituinte pela liberdade dos trabalhadores e dos intelectuais de Santos encarcerados (...) Porque essas prisões? Porque essas devassas? Se o governo do General Dutra fosse mesmo democrata, compreenderia por certo, que invés dos imundos cubículos do DOPS, esses homens, legítimos lutadores pela democracia, deveriam receber aplausos pela atitude assumida, negando-se a trabalhar em navios espanhóis do assassino Francisco Franco (...) [e pela] continuação dessa atitude, que já não é um caso local". Informa que a Suécia e a Noruega apoiaram a atuação dos trabalhadores de Santos (...) *Depois de elogiar a cidade de Santos, de enaltecer suas tradições democráticas, seus "gloriosos trabalhadores"* incitar a fazer valer seus direitos, com protestos cada vez mais fortes...

Um primeiro aspecto a ser considerado é a orientação oficial do PCB que enfatizava a importância da "união das classes" e a atitude preferível do trabalhador era a de antes "passar fome do que fazer greve e criar agitações".[63] Todavia, a atitude dos portuários não foi criticada durante o comício. Ela não se expressava como "luta de classe", mas um como embate que se fazia em nome da luta pela democracia e contra o fascismo de Franco. Nesse sentido, não havia contradição entre a greve e a linha oficial do partido[64], pois a idéia de um Brasil democrático excluía o fascismo.

Embora possuísse imunidade parlamentar, o Partido es-

[63] Cf. GONÇALVES, 1995, p. 102.

[64] Alguns autores defendem que a greve contradizia a linha do PCB. Cf. GONÇALVES, 1995, p. 87; SILVA, 1995,p. 109.

tivesse na legalidade e existissem as denominações de *cidade e porto vermelhos* (posteriormente citadas em seu livro), Amado não fez qualquer menção aos epítetos criados pelos adeptos locais. Classificou o povo como "o mais democrático" do Brasil e enalteceu a tradição democrática e os gloriosos trabalhadores da cidade. Essa postura ia ao encontro aos objetivos do PCB que queria afirmar-se como "democrático" e "nacional". Aceitando as regras do sistema político e vencendo as eleições, reforçava a sua imagem de partidário da luta pela democracia e descartava do seu discurso as alusões à União Soviética, fortalecendo-se como nacional. Santos era de suma importância para a concretização desses objetivos. Corresponder ao cognome de *moscouzinha* dava munição aos ataques das autoridades oficiais interessadas em propagar a idéia de que o PCB era um instrumento da dominação estrangeira. E a vitória eleitoral do partido na cidade atestava a sua capacidade de chegar ao poder pelas urnas.

Todavia, Jorge Amado não poderia ignorar a particularidade de Santos. Ao saudar o povo em nome do deputado federal Oswaldo Pacheco e do Senador Prestes e ao nomeá-la como a "mais democrática do Brasil", dotada de "gloriosos trabalhadores", Amado supria os sentimentos dos adeptos locais que, orgulhos da sua "tradição" de lutas, associavam de imediato o elogio ao epíteto de *moscouzinha*. O PCB não podia e talvez nem mesmo quisesse controlar esse aspecto. O silêncio imposto pelos ditames da política partidária às denominações de *moscouzinha, cidade vermelha* etc. restringia-se ao espaço público: comícios, panfletos, jornais etc. No espaço privado, o tom poderia ser outro.

Interessante destacar o tratamento dispensado ao presidente general Eurico Gaspar Dutra nesse período de legalidade. Os oradores do comício não eram incisivos em suas críticas ao governo, excetuando-se o estivador "Rolla". Limitavam-se a afirmar que ele havia se distanciado da democracia e se aproximava do fascismo; outros culpavam o interventor Macedo Soares pela repressão e Jorge Amado dizia apenas que o general não era um democrata. Os portuários lutavam na greve contra Franco, mas, no país, o fascismo ficava restrito às pessoas do baixo escalão governamental ("canalha") e não ao presidente da República.

Convém salientar o uso da palavra "tradição" por Jorge Amado durante o comício. Como vimos, no início dos anos 30, o PCB falava em "anos de luta". No entanto, em 1946, o partido já desfrutava de prestígio suficiente na cidade para utilizar a palavra "tradição".

A maneira como o PCB se referia à cidade não se manteve estática e variou ao sabor da linha política do Partido, como podemos notar na época da visita de Dutra à cidade em 1949. No intervalo de três anos, entre o comício comunista e a viagem do presidente, alguns fatores fizeram com que Santos fosse tratada de maneira diferenciada pelo PCB.

No plano internacional, acentuou-se a Guerra Fria, deteriorando-se, assim, a relação entre os blocos comunista e capitalista; no âmbito nacional, o presidente Dutra havia cassado o registro do PCB, e, na cidade, a imagem sobre Santos havia incorporado a greve contra Franco.

Nesse contexto, após o anúncio da visita do presidente, Santos "viveu dias de expectativa, tal o derrame de boletins mimeografados ou impressos, espalhados por todos os cantos"[65] da cidade. Em decorrência do forte aparato repressivo, parte desse "material subversivo" foi apreendida, permitindo-nos hoje a reconstrução do discurso partidário sobre a cidade. O fato de esses panfletos terem sido produzidos por entidades controladas por comunistas nos oferece a oportunidade de recuperar o discurso comunista.

Um manuscrito apreendido em poder de um dos diretores da ABECDS dirigia-se aos "Companheiros Portuários".

> A maior afronta, a maior falta de respeito ao povo e ao proletário Santista é a visita do General Dutra em nossa cidade, este agente dos imperialistas americanos, serviçal dos senhores da

---

[65] Certidão de Antônio Silveira à quarta Delegacia de Polícia de Santos. Secretaria da Segurança Publica, Delegacia Auxiliar da Divisão Policial. Santos, 7 de dezembro de 1949. *Pront. 102901 - Associação Beneficente dos Empregados da Cia. Docas de Santos.* DEOPS/SP, DAESP.

> Fazenda e dos grandes banqueiros (...), caixeiro viajante de Truman, traidor da pátria brasileira. Abaixo Dutra. Morte a Dutra. Abaixo o agente imperialista. Morte ao traidor Dutra.

O jornal *Voz Portuária*, da ABECDS, ao comentar a vinda do presidente, reforçava a imagem negativa de Dutra que se fazia atrelada às suas ligações com o "imperialismo americano". A tradição de um "rol de lutas memoráveis" e a energia do povo santista prestavam-se como elementos representativos do conceito imputado à população:

> ...Essa visita era pra ser feita a [sic] mais de seis meses. Foi quando pela primeira vez as forças democráticas se mobilizaram para impedir que isso fosse levado a cabo (...), o povo foi mobilizado, os homens do 'acordo' *tiveram que recuar diante da atitude enérgica do povo que lutou contra Franco e que tem um rol glorioso de lutas memoráveis*. Isso foi a [sic] mais de seis meses. *Mas o imperialismo guerreiro exigia que a cidade de Santos fosse visitada ...*[66]

Um boletim assinado pelo Comitê Anti-Dutra acrescentava novos elementos ao discurso: o presidente era, além de "lacaio dos americanos", "esfomeador" e "assassino" de trabalhadores. A luta contra Franco, identificado com a imagem do "bandido", prestava-se como referência histórica para "construção" de um passado glorioso para a cidade. Dutra emergia como o símbolo da afronta à dignidade e à honra do povo santista.

> A anunciada visita do ditador Dutra a Santos é uma afronta ao povo de nossa cidade. O povo de Santos, democrata, trabalhador, patriota e amigo da paz não pode permitir que Dutra ponha os seus pés em nossa cidade. Dutra é o lacaio dos americanos que vende a pátria, é o esfomeador de trabalhadores, é o assassino de trabalhadores e democratas que lutam pela paz. Não permitiremos pois que (...) afronte a dignidade e a honra dos santistas (...) O povo de Santos (...) não permitirá que o ditador visite impunemente nossa cidade (...)
> Eis o juramento sagrado que cada patriota santista deve fazer;

[66] PAIVA, Paulo. "E a cidade de Santos permaneceu de pé". In *Voz Portuária*. Santos, novembro de 1949, p. 3. *Pront. 102901 - Associação Beneficente dos Empregados da Cia. Docas de Santos*. DEOPS-SP, DAESP (grifo nosso).

> Santos cidade que mostrou o seu ódio de morte ao bandido fascista Franco, negando-se a descarregar seus navios, dará a todo o Brasil um vigor patriótico impedindo que o nazi-ianqui Dutra venha aqui zombar da fome e do nosso amor ao Brasil (...)
> Povo Santista! Trabalhadores, Estivadores, Doqueiros, Portuários, Homens e Mulheres. De pé, mobilizemo-nos (...)
> Dutra não afrontara o povo de Santos com a sua presença! (...)
> VIVA O POVO GLORIOSO DE SANTOS![67]

O presidente Dutra havia colocado o PCB na ilegalidade e cortado relações com a União Soviética, instigando a radicalização do discurso do PCB. Por um lado omitiam-se os epítetos de *cidade vermelha, moscouzinha* etc., por outro, o caráter democrático não era o mais enfatizado, ao contrário do que ocorria no comício de 1946 durante a legalidade do partido, tendo em vista não haver possibilidade de ascensão comunista ao poder via eleições.

Nesse sentido, a propaganda "subversiva" não relembrava o fato de os santistas terem eleito o estivador Oswaldo Pacheco ou Luís Carlos Prestes, mas única e exclusivamente a luta travada contra Franco com o intuito de associar a imagem negativa do general espanhol à do general brasileiro. Caso os trabalhadores fizessem essa associação, o partido esperava que os santistas agissem "energicamente" contra Dutra, pois se eles já haviam manifestado o seu "ódio" ao fascismo internacional (contra o "bandido Franco"), o que não fariam para derrotar o fascismo na própria pátria? No comício de 1946, o PCB criticava o imperialismo e o fascismo de maneira genérica e, em 1949, insistia-se na idéia de que a pátria corria risco por ser comandada por um "nazi-ianqui". Para os comunistas, o conceito de nação subentendia a ausência do fascismo e do imperialismo. Dessa maneira os trabalhadores precisavam agir ("mobilizar", "impedir", "de pé") para demonstrar que a visita era uma "afronta", uma "falta de respei-

[67]Boletim mimeografado *Ao povo e aos trabalhadores de Santos*.Comitê Anti-Dutra. Santos, 24 de setembro de 1949. *Pront. 102901 - Associação Beneficente dos Empregados da Cia. Docas de Santos.* DEOPS/SP, DAESP (grifo nosso).

to" àqueles que amavam o Brasil, os "patriotas santistas". Nacionalismo e regionalismo emergiam como elementos de sedução, considerados imprescindíveis para a mobilização do povo.

Embora os panfletos também fizessem referência aos "trabalhadores", o discurso era dirigido às categorias do cais ("portuários", "doqueiros" e "estivadores"), tendo em vista que a intenção do discurso era de associar Dutra a Franco e de incitar o "ódio ao bandido", fosse ele espanhol ou brasileiro. Mas, em um sentido mais amplo, percebe-se que o impacto da greve no imaginário comunista colaborou para que o mito sobre a cidade de Santos persistisse mais focado nas lutas das classes portuárias. Ignoravam-se, por exemplo, os grandes movimentos reivindicatórios dos operários da construção civil no início dos anos 30, questão que retomaremos adiante.

Dentre os panfletos anti-Dutra apreendidos pela Delegacia Regional de Santos, um deles vinha assinado pelo Comitê Municipal do PCB:

> Jamais botará os pés em Santos o lacaio americano que rompeu relações com a União Soviética, a grande Pátria do Socialismo, amiga dos povos e baluarte da paz.
> A *cidade heróica* da greve dos estivadores contra o bandido Franco não admitirá a presença do indesejável Dutra (...).
> A cidade de Santos, vitoriosa em tantas jornadas democráticas, repelirá o fascista Dutra (...)
> A *cidade de Prestes*, a cidade que tornou o Partido Comunista majoritária nas eleições não receberá Dutra, o tirano que cassa mandatos e não respeita a vontade do povo (...)
> O povo de Santos não sofrerá a humilhação de ver Dutra pisar o solo da cidade heróica e marcará com o seu ódio todos que estão batendo palmas ao tirano e aplaudindo sua anunciada viagem (...)
> A CIDADE DE PRESTES NÃO RECEBERÁ DUTRA[68]

Apesar de silenciar sobre a *moscouzinha*, o Comitê Municipal apelou para as expressões *cidade heróica* e *de Prestes* e arrolou algumas lutas dos trabalhadores. O resgate do perfil da

[68] Panfleto "Ao povo de Santos". Comitê Municipal do PCB. Santos, 1949. *Pront. 561 - Delegacia Regional de Polícia de Santos*. DEOPS/SP, DAESP (grifo nosso).

resistência para a cidade garantiria a "humilhação" ao General. A seleção dos fatos privilegiava as vitórias do PCB ("cidade de Prestes") e a atuação dos portuários na greve contra Franco ("cidade heróica"), expressando a intenção de convocar os trabalhadores para a luta sob a hegemonia do partido. As vitórias eleitorais deveriam expressar a "vontade do povo".

A despeito de toda a resistência à visita do presidente, ela se realizou graças ao forte aparato repressivo que, incluindo um "estado de emergência" de 72 horas no qual a ligação entre a capital e o litoral esteve interrompida, fez sucumbir toda a oposição organizada. Um artigo do jornal *Voz Portuária* publicou um balanço desse evento avaliado como a expressão da impopularidade do governo. A imagem de "cidade heróica", cujo povo saiu às ruas foi resgatada como parte da memória política:

> Um dos fatos políticos de maior envergadura deste ano e que demonstrou o desprestígio e a impopularidade do governo que temos aí foi a visita que preparou a si na cidade de Santos (...). (...) o povo da cidade heróica saiu à rua, embora tenha perdido um de seus melhores filhos, DEOCLÉCIO AUGUSTO SANTANA, que tombou assassinado pelas balas da polícia. O presidente foi a Santos, mas a cidade de Deoclécio Santana e Pedro Godói permaneceu de pé e doou para o Brasil um grande cabedal de experiências.[69]

No período anterior, a imagem dos mártires se prestava para superar as diversidades raciais/nacionais e forjar uma tradição de luta sob a hegemonia do PCB. Desta vez, o enfoque recaía sobre a cidade, avaliada como progenitora de "filhos-heróis" a exemplo de Pedro Godói e Deoclécio Augusto Santana. O apelo emotivo era muito forte, levando em consideração que ambos "tombaram" dias antes da visita do presidente.[70] Para os adeptos do comunismo, a consciência de clas-

[69] PAIVA, Paulo. "E a cidade de Santos permaneceu de pé". Notas de Santos. In *Voz Portuária*. Santos, novembro de 1949, p. 3. *Pront. 102901 - Associação Beneficente dos Empregados da Cia. Docas de Santos.* DEOPS-SP, DAESP (grifo nosso).

[70] Pedro Godói faleceu em 25 de setembro, Deoclécio, cinco dias depois, e o presidente Dutra visitou a cidade no dia 15 de outubro de 1949.

se era uma realidade entre os trabalhadores. Como a Frente Negra Brasileira sucumbira no Estado Novo, houve a omissão ao fato do ensacador Deoclécio ser negro.

O jornal *Voz Portuária* era um órgão da ABECDS, associação cuja diretoria estava ameaçada de ser destituída por ser considerada "subversiva". Logo, não poderia valer-se do termo *moscouzinha*, substituído pela expressão *cidade heróica*. Ao reportar-se aos heróis mortos, o autor induzia o leitor a lembrar-se do herói revolucionário, Luís Carlos Prestes, e das vitórias eleitorais de seus "soldados" nas eleições anteriores. Tanto o "herói" Pedro Godói quanto Deoclécio Santana foram relembrados em um outro momento, quando Prestes redigiu o Manifesto de 1º de agosto em 1950. A partir dessa data, o partido retomava a idéia de luta armada para derrubar o regime, repercutindo no discurso sobre a cidade.

O estivador Francisco Rodrigues Garcez ao escrever para o jornal *Voz Operária*[71], de 2 de setembro de 1950, retomou a imagem de Pedro Godói como o "herói do povo":

> Ele era um estivador modesto e simples. Cativava as pessoas logo no primeiro contato (...) Uma de suas grandes qualidades era a franqueza, aliada à coragem e à decisão de lutar pelos interesses dos seus companheiros de trabalho. Em 1946, ingressou nas fileiras do Partido Comunista do Brasil. Já no trabalho sindical se havia revelado um defensor intrépido dos trabalhadores. Os seus companheiros da faixa do cais testemunharam, muitas vezes, sua atuação decidida nas Assembléias do Sindicato, na luta contra a exploração patronal. No bairro de Itapema, município de Guarujá, onde morava, era sempre um dos primeiros a levantar protestos contra os desmandos da Prefeitura Local. Aí, fundou a Sociedade dos Moradores de Itapema no calor das lutas em defesa da terra ocupada por centenas de famílias do [bairro] 'Pai Cara' [que] foi desapropriada por decreto da Câmara Estadual de São Paulo, pondo-se fim às ameaças de despejo.

[71] O porto era um local privilegiado para a propaganda dita "subversiva". O estivador Oswaldo Lourenço relatava que "o companheiro Antônio Rodrigues (...) fazia parte do Partido Comunista. Ele dava o jornalzinho pra [sic] gente ler, que era a *Voz Operária*. Naquele tempo, comecei a ler, depois comecei a distribuir o jornal. Disso para ingressar no Partido é um passo". Cf. MARTINS, 1997, p. 47.

> Esse herói do povo tombou em Tupã, vítima das balas assassinas dos capangas de Adhemar, juntamente com outros dois bravos: Marma e Rossi. O sangue desses patriotas aviva a chama de luta não só dos camponeses em defesa dos quais morreram, mas de todo o proletário, de todo o povo brasileiro, que defende a paz, o pão, a terra e a liberdade.
> Godói, Marma e Rossi tombaram empunhando uma bandeira da luta pela libertação nacional, que continua nas mãos da classe operária e de todo o povo trabalhador. Glória eterna aos heróis do povo!"[72]

Garcez enumerava as qualidades que configuravam a imagem de um "herói do povo": caráter íntegro e cativante, corajoso, membro do PCB, defensor dos trabalhadores e do povo, e que "tombou" defendendo o ideal "Paz, Pão, Terra e Liberdade". A representação do confronto se fazia através do tradicional embate da luta do Bem contra o Mal, este último representado pela figura das pessoas que não tinham ideais, os capangas. O lema defendido por Godói era justamente o *slogan* político do Partido Comunista e todos aqueles que o defendiam mereciam ter "glória eterna".

Essa reconstrução da vida do militante e da maneira como ele morreu visava sensibilizar o leitor/trabalhador para o conselho de injustiça social simbolizada pelo assassinato de alguém que havia defendido os interesses do povo e da nação.

Nesse sentido, a radicalização contida no apelo de Prestes alterou o discurso do partido que, nesse momento, apelou para o *slogan* de "morrer por um ideal". Os comunistas procuravam atingir o seu público-alvo, heroificando os companheiros que haviam "tombado" como um exemplo de abnegação à causa operária. Se Pedro Godói havia sido morto em defesa dos trabalhadores, os operários deveriam empunhar a mesma bandeira: lutar pela revolução sob a égide do partido, mesmo sob o risco de "tombar". O PCB heroificava mais do que nunca os camaradas mortos em combate esperando uma reação do povo brasileiro: clamava-se pela insurreição contra o governo.

---

[72]GARCEZ, F. R. "Pedro Godói, Herói do Povo". In *Voz Operária*, 2 de setembro de 1950. *Pront. 2573 - Gilberto Andrade e Silva.* DEOPS/SP, DAESP.

"Empunhar a mesma bandeira" tornou-se uma expressão comum nos discursos de exaltação aos heróis mortos. A imprensa partidária procurava apelar para as "vibrações" do povo conclamando os "bravos ensacadores e doqueiros" a cumprir com seu dever patriótico. A imagem de Deoclécio Santana, "o herói morto há dois anos", foi resgatada em uma matéria sobre a campanha eleitoral do doqueiro Geraldo publicada pelo jornal *Hoje*, em 25 de setembro de 1950:

> "GERALDO RODRIGUES DOS SANTOS EMPUNHA A BANDEIRA DE DEOCLÉCIO SANTANA (...)"
>
> É gritante o contraste (...) entre a propaganda dos candidatos da reação que continuam a deitar as suas frases demagógicas *e a dos mais queridos filhos do povo santista, em torno do programa revolucionário de Luís Carlos Prestes, por paz, pão, terra e liberdade* (...) *Os trabalhadores, especialmente os bravos ensacadores e doqueiros, compreenderam que Geraldo levanta corajosamente a mesma bandeira de seu companheiro Deoclécio Augusto Santana, morto há dois anos,* quando defendia em praça pública o petróleo brasileiro. *O proletariado da Gloriosa Cidade de Prestes, a Cidade Heróica* vibra agora com novo entusiasmo. Vibra com a disposição de garantir a eleição de seus verdadeiros representantes. *O povo de Santos, que já sufragou os nomes da bancada majoritária despojada de seus direitos,* cumprirá seu dever patriótico, prestigiando os soldados de Prestes...
> Exemplares do Manifesto de Prestes eram disputados pelos moradores, bem como os jornais populares (...) [73]

Embora a reportagem do jornal *Hoje* datasse a morte do ensacador, ela não visava demarcar uma hegemonia do partido como ocorreu no caso de Herculano de Souza no começo dos anos 30. O periódico apenas contextualizava o fato que, ademais, estava errado: Deoclécio havia falecido um ano antes da publicação da reportagem e não dois.

Nesse documento, além do silêncio oficial do PCB com relação à *cidade vermelha*, agora tornada *cidade heróica* e *cidade de Prestes*, acrescenta-se a censura. Na impossibilidade de citar o

[73] "Geraldo Rodrigues dos Santos empunha a bandeira de Deoclécio Santana". In *Hoje*, 27 de setembro de 1950. *Pront.2573 - Gilberto Andrade e Silva*. DEOPS/SP, DAESP (grifo nosso).

partido e a sua ideologia e, ao mesmo tempo, fazendo propaganda a seu favor, o jornal procurava uma cumplicidade com o leitor, levando-o a reconhecer Geraldo dos Santos como um membro do partido. O jornal conseguiu de maneira sutil relacionar Geraldo à bancada comunista de Santos que teve seus direitos políticos cassados em 31 de dezembro de 1947. Ao escrever "O povo de Santos que já sufragou os nomes da bancada majoritária despojada de seus direitos", o repórter driblava a censura e lembrava ao santista seu "dever patriótico". Embora o regime tentasse calar os opositores, o jornal sustentava essa relação de cumplicidade com o leitor/eleitor, na qual a polícia não poderia intervir.

Ao dirigir-se aos ensacadores e doqueiros, a intenção do jornal era fazer com que os mesmos se identificassem com os heróis das suas categorias de tal forma que reconhecessem que votar em Geraldo simbolizava dar continuidade à luta de Deoclécio.

Retomando a questão da importância do porto para a configuração do mito da *cidade vermelha*, cabe enfatizar que essa reportagem expressa outra característica importante: a força eleitoral. As diversas categorias portuárias eram um diferencial importante para decidir uma eleição, sendo o seu apoio de suma importância, como ilustra a campanha vitoriosa do estivador Osvaldo Pacheco. Não era mero acaso o fato de os portuários serem a única classe social cujo local de trabalho detinha um cognome próprio: *porto vermelho*. Como conseqüência, a propaganda subversiva, por mais que falasse de "trabalhadores", tinha sempre em mente o porto, de tal sorte que a ação grevista dos trabalhadores da construção civil ficava relegada ao esquecimento.

A reportagem do jornal *Hoje*, assim como o artigo do estivador Francisco Garcez, é posterior ao apelo de Prestes à luta armada. O PCB, para fazer com que a sua linha política surtisse efeito, acreditava necessitar de dois elementos fundamentais: heróis e "soldados de Prestes". Heróis que, como Godói ou Deoclécio, estivessem dispostos a morrer pela revolução sob o comando de Prestes, isto é, como soldados. Onde

Numero a 16 pagine per il Congresso Sindacale Mondiale L. 25

Anno II - N. 27 - 3-9 Luglio 1949 NOVE EDIZIONI SETTIMANALI Abb. post. gr. II - Un numero Lire 20

LAVORO

FED. SINDACALE MONDIALE CGIL

Settimanale dei lavoratori italiani

Uomini e donne di ogni paese partecipano al congresso sindacale mondiale Foto Farabola

Geraldo Rodrigues dos Santos. Capa do jornal *O Lavoro* (n.º 27), órgão oficial da *Confederazione Generale Italiana del Lavoro*, dedicado ao Congresso de Milão de 1949. Geraldo foi o representante da ABECDS nesse evento, ficando conhecido como o "Embaixador do Valongo" - nome de um dos maiores bairros operários de Santos. *Pront. 102901 - Associação Beneficente dos Empregados da Cia. Docas de Santos*. DEOPS/SP, DAESP.

o partido esperava conseguir isso senão na "gloriosa cidade de Prestes", a "cidade heróica"?

Face à necessidade de clamar por *mártires* e *soldados* submissos, o jornal silencia sobre a "cidade democrática" e a greve contra Franco. Ressalta justamente as expressões relacionadas aos "heróis" e a Prestes. Essa é a razão pela qual o repórter insiste no sucesso do manifesto na cidade: para conseguir o apoio dos doqueiros e ensacadores, retoma a idéia de que eles são filhos da "cidade de Prestes", além de anunciar aos demais leitores/operários que a revolução estava em curso, pois, além das primeiras vítimas, já havia conquistado uma cidade.

Os heróis Deoclécio e Godói, "filhos-heróis" da "cidade de Prestes", "avivavam" a revolução, pois, como dizia o "Cavaleiro da Esperança" na epígrafe do seu *Manifesto de Agosto*, "quando os governantes se tornam assassinos do povo, é porque está chegando a hora de pô-los abaixo".[74]

[74]Manifesto "Prestes dirige-se ao povo" ou "Manifesto de 1º de Agosto". Comitê Nacional do Partido Comunista do Brasil. 1950. *Pront. 2573 - Gilberto Andrade e Silva.* DEOPS/SP, DAESP (grifo nosso).

CONSIDERAÇÕES FINAIS

Como os mitos imortalizam os fatos históricos retirando-lhes a referência temporal[75], eles podem obscurecer a reconstrução do passado. No caso da cidade de Santos, fazer uma leitura de sua história considerando *a priori* a força dos trabalhadores ou a hegemonia comunista, apesar de ser um anacronismo extremo, é apoiado pelo mito criado pelos comunistas do período pós 1945 e, posteriormente, romanceado por Jorge Amado. Procuramos, ao longo destas páginas, desvencilhar a leitura que o mito fazia do passado da própria história do movimento operário santista - tarefa difícil para aqueles que ainda ouvem os ecos do *porto vermelho*.

Mas como discorrer sobre a história de Santos sem se referir ao mito da *moscouzinha*, da *cidade vermelha*, do *porto vermelho*? Como avaliar esses epítetos que, em distintos momentos da nossa história política, emergiram sob a forma de múltiplas metáforas e analogias?

Ainda que, no espaço público (comícios, panfletos e jornais), o partido silenciasse sobre as expressões que se referiam à cor ou à cidade símbolos do comunismo internacional - estratégia para evitar acusações de submissão aos interesses soviéticos - o mito assumiu nuances variadas que evitaram seu desaparecimento. Não havendo como ignorar a especificidade e a importância que os próprios simpatizantes davam à cidade, o PCB tentava referir-se ao mito com outras denominações: *cidade democrática, cidade heróica, cidade de Prestes*. Esses epítetos variaram de acordo com a linha política adotada pelo partido, desde a defesa da democracia até à luta armada, mas sempre reforçando o caráter "nacional".

O fato de as denominações *moscouzinha, cidade vermelha* etc. terem sobrevivido na memória de ex-militantes, superando o silêncio imposto pelo partido e pela repressão, é um indicativo de que, quando os simpatizantes liam ou ouviam dos órgãos de difusão do PCB os cognomes de *cidade de Prestes, cidade heróica*, emergiam da mémoria a *moscouzinha*, a *cidade*

[75] Cf. SEVCENKO, 1992, p. 307.

vermelha. Essas eram as denominações utilizadas em reuniões de células, nas conversas entre militantes e, até mesmo, no canto dos poetas portuários.

Não houve partido ou repressão suficientes que dessem conta de controlar o orgulho dos militantes locais face à *moscouzinha*.

PARTE II

INVENTÁRIO DOS PRONTUÁRIOS

Prontuário: **6827** **Abelardo José Gomes**
Vulgo: -
Profissão: Estivador
Nacionalidade: -
Naturalidade: Caravellos
Datas-limite: **Inicial** 12/05/46 **Final** 25/07/46
Síntese: Abelardo José Gomes, que não registrava antecedentes políticos, foi preso em 12 de maio de 1946 por participar da greve contra Franco. Seu nome constava em um pedido de *habeas corpus* para os presos nessa greve.
Palavras-chaves: *Antifascismo*
Francisco Franco
Greve
Santos (SP)

Prontuário: **114438** **Adelina Maristane**
Vulgo: -
Profissão: -
Nacionalidade: -
Naturalidade: -
Datas-limite: **Inicial** 31/01/52 **Final** -
Síntese : Adelina Maristane era uma das organizadoras do Comitê Pró-paz de Santos em 1952.
Palavras-chaves: *Comitê Pró-paz*
Santos (SP)

Prontuário: **129724** **Agenor Firmino Santana**
Vulgo: -
Profissão: -
Nacionalidade: -
Naturalidade: -
Datas-limite: **Inicial** 11/11/55 **Final** 12/11/55

Síntese: Agenor Firmino Santana foi detido no dia 11 de novembro de 1955 por "agitação" e solto no dia seguinte, recusando-se a se identificar.
Palavras-chaves: *Agitador*
Santos (SP)

Prontuário: **43682** **Agenor José dos Santos**
Vulgo: -
Profissão: Estivador
Nacionalidade: Brasileira
Naturalidade: Cravinhos - SP
Datas-limite: **Inicial** 20/11/40 **Final** 23/04/50
Síntese: Agenor José dos Santos foi presidente da diretoria do Centro dos Estivadores de Santos, empossada em outubro de 1938. Essa diretoria foi acusada de dilapidação do patrimônio do sindicato, sendo o prontuariado condenado a 2 anos de prisão e multa de 10;000$000. De 5 de agosto de 1943 a 11 de agosto de 1945, esteve preso e solicitou a redução da multa por não ter condições de pagá-la.
Palavras-chaves: *Centro dos Estivadores (Sindicato dos Estivadores)*
Santos (SP)

Prontuário: **90607** **Agostinho Rodrigues**
Vulgo: -
Profissão: Fiscal de Bonde
Nacionalidade: Portuguesa
Naturalidade: Monção
Datas-limite: **Inicial** 15/04/69 Final 23/04/69
Síntese: Agostinho Rodrigues solicitou a "juntada de suas certidões em seu prontuário a fim de ser feito o cancelamento de notas". Para tanto, anexou um certificado do fórum de Santos, através do qual o escrivão afirmava que, consultando o livro *Rol dos Culpados*, constatara que constava contra o prontuariado o processo nº. 8359, referente à greve no Serviço Municipal de Transportes Coletivos (SMTC) de julho de 1953, sendo extinta a punibilidade em 6 de agosto de 1958.

Palavras-chaves: *Rol dos Culpados (livro)*
Serviço Municipal de Transportes Coletivos

Prontuário: **3526** **Albertino Moreira**
Vulgo: -
Profissão: Advogado
Nacionalidade: Brasileira
Naturalidade: Ubirabinha - SP
Datas-limite: **Inicial** 06/02/36 **Final** 25/06/47

Síntese: Albertino Moreira tomou parte na Frente Única Sindical na cidade de Santos em março de 1935. No mesmo ano, teriam sido realizadas reuniões no escritório de Moreira, tendo ele próprio escrito artigos de "fundo comunista" que foram publicados no jornal *A Tribuna* de Santos. Albertino Moreira foi indiciado no fechamento da ANL-Santos, sendo excluído da denúncia em 6 de maio de 1938. Em 11 de janeiro de 1945, requereu passaporte para viajar com destino à Argentina, Uruguai, Chile, Bolívia e Peru. Um boletim de informação do Serviço de Informações ao Delegado de Ordem Política e Social datado de 13 de janeiro de 1945 afirmava que Albertino era "antigo elemento comunista-intelectual, radicado em Santos, onde foi um dos diretores da ex-'ANL' (...). Naquela cidade é 'ligado' a vários elementos comunistas em plena atividade. Seu nome tem, ultimamente, aparecido com certo destaque (...). É de se presumir que nessa viagem (...) procure entrar em entendimentos com os 'leaders' comunistas daqueles países, que estão em plena ebulição". Em 1947, foi considerado um dos elementos comunistas de "maior evidência e periculosidade" de Santos. Seu nome consta de uma relação de membros do Partido Socialista.

Palavras-chaves: *Aliança Nacional Libertadora*
Argentina
Bolívia
Chile
Comunismo
Delação

Frente Única Sindical de Santos
Intelectual
Partido Socialista Brasileiro
Peru
Santos (SP)
Uruguai

Prontuário: **77643** **Alberto Bitran**
Vulgo: -
Profissão: -
Nacionalidade: Egípcia
Naturalidade: -
Datas-limite: **Inicial** janeiro de 1936
Síntese: Alberto Bitran foi citado em um ofício do Serviço Especial de janeiro de 1936, em que o policial afirmava que: "Quando há dias eu punha no correio aquela carta que lhe escrevi, vi chegar à estação postal, pálido, nervoso, agitado, o Dr. Nelson. Chegou e dirigiu-se para um canto em que se achava Alberto Bitran e [que] pelos modos estava ali à sua espera. Falaram agitados, nervosos, baixinho e depois de uns 5 minutos se separaram. Nesse dia havia chegado a notícia da prisão de Harry Berger, no Rio. Ainda ontem vi Bitran. Causa realmente pasmo a circunstância de, sendo ele o principal chefe comunista de Santos, estar ainda em liberdade..."
Palavras-chaves: *Comunismo*
Harry Berger
Santos (SP)

Prontuário: **149057** **Alcir Proost de Souza**
Vulgo: -
Profissão: -
Nacionalidade: -
Naturalidade: -
Datas-limite: **Inicial** 07/12/35 **Final** 31/10/49
Síntese: Alcir Proost de Souza foi um dos 122 indiciados no

fechamento da ANL em Santos. Prestou declarações duas vezes. Na primeira delas, em 7 de dezembro de 1935, afirmou que trabalhava no fórum de Santos e para várias firmas, não sendo sindicalizado e não trabalhando para associações operárias. Também alegou que não tinha nenhuma influência sobre o operariado santista. Afirmava ser um estudioso das questões sociais, não se limitando ao marxismo, além de ser contra o fascismo e a favor das liberdades públicas. Dez dias depois, voltou a prestar declarações a Paulo Cardoso de Almeida, negando ser comunista, mas confirmando ter participado do Comitê Antifascista e Antiguerreiro. Relatou que fazia periodicamente conferências nas sedes do sindicato, o que teria, a seu ver, levado a polícia a julgá-lo comunista. Declarou conhecer o movimento no norte do país pelas notícias na imprensa e fazer parte da ANL somente como contribuinte. Alcir foi preso em 27 de novembro de 1935 e solto em 22 de maio de 1937, sendo novamente preso e absolvido pelo TSN em 1938. O relatório de investigação de Mário Januário a Rui Tavares Monteio de 19 de junho de 1942 afirma que o prontuariado fazia ponto nos cafés Paulista e Paris e que teria se encontrado com o fotógrafo Narciso Grano, mantendo com o mesmo "amistosa palestra". Em 1947, Proost foi considerado "um dos elementos de maior evidência e periculosidade de Santos". Voltou a ser preso em onze de outubro de 1949 por "atividades comunistas procedentes de Santos", sendo libertado quatro dias depois. Anexada ao prontuário, há uma carta de sua mãe de 25 de janeiro de 1936, data em que esteve detido.

Palavras-chaves: *Aliança Nacional Libertadora*
Antifascismo
Café Paris (ponto de encontro)
Café Paulista (ponto de encontro)
Comitê Antifascista e Antiguerreiro
Comunismo
Conferência
Santos (SP)
Tribunal de Segurança Nacional

Prontuário: **2165 Alexandre Diego Fernandes**
Vulgo: -
Profissão: Cozinheiro
Nacionalidade: Espanhola
Naturalidade: Samora
Datas-limite: **Inicial** 26/10/32 **Final** 29/10/32
Síntese: Alexandre Diego Fernandes esteve preso, em 9 de maio de 1932, por desordem e, em 26 de agosto e 25 de outubro de 1932, por comunismo, sendo solto no dia 29 de outubro do mesmo ano.
Palavras-chaves: *Comunismo*
Santos (SP)

Prontuário: **92044 Alfredo Silva Coelho**
Vulgo: -
Profissão: Empregado da Cia. Docas
Nacionalidade: -
Naturalidade: -
Datas-limite: **Inicial** 02/11/47
Síntese: Alfredo Silva Coelho seria, segundo informações obtidas pela polícia, um dos elementos que estaria articulado para, em 1947, promover agitações entre os funcionários da Cia. Docas.
Palavras-chaves: *Companhia Docas*
Santos (SP)

Prontuário: **92455 Aloísio Soares de Vasconcellos**
Vulgo: Ceará
Profissão: Portuário
Nacionalidade: Brasileira
Naturalidade: Camuci - CE
Datas-limite: **Inicial** 20/12/47 **Final** 11/09/51
Síntese: Este prontuário versa sobre as atividades comunistas do prontuariado - preso de 9 a 12 de abril de 1948 por "agitação comunista" - com destaque para a participação na greve

contra Franco (quando os estivadores se recusaram a trabalhar em navios espanhóis e receberam a solidariedade das demais classes portuárias), na diretoria da Associação Beneficente dos Empregados da Cia. Docas (ABECDS) e no conflito no Grupo Escolar Docas de Santos. Nesse último embate, foi acusado de matar João Ferreira da Rocha durante uma assembléia da ABECDS que resultou em conflito entre comunistas e pelegos.

Palavras-chaves: *Antifascismo*
Associação Beneficente dos Empregados da Cia. Docas
Comunismo
Francisco Franco
Greve
Grupo Escolar Docas
Peleguismo
Santos (SP)

Prontuário: **4454** **Álvaro Pires**
Vulgo: -
Profissão: Empregado da Cia. Docas
Nacionalidade: Brasileira
Naturalidade: Santos - SP
Datas-limite: **Inicial** 06/02/36 13/04/37
Síntese: Álvaro Pires, empregado da Cia. Docas, foi indiciado no fechamento da ANL em Santos e se recusou a prestar declarações.
Palavras-chaves: *Aliança Nacional Libertadora*
Comunismo
Santos (SP)

Prontuário: **4441** **Annibal Machado**
Vulgo: -
Profissão: Portuário
Nacionalidade: -
Naturalidade: -

Datas-limite: **Inicial** 06/02/36 **Final** 25/05/49

Síntese: Annibal Machado, em 14 de fevereiro de 1934, esteve presente em uma conferência intitulada *As Causas da Revolução Russa de 1917*. Nessa mesma época, era presidente do Sindicato dos Operários de Serviços Portuários de Santos. Em 6 de fevereiro de 1936, foi indiciado no fechamento da ANL e, em 25 de maio de 1949, como um dos signatários do "Manifesto pela Paz".

Palavras-chaves: *Aliança Nacional Libertadora*
Comunismo
Conferência
Manifesto pela Paz
Revolução Russa
Santos (SP)
Sindicato dos Operários de Serviços Portuários

Prontuário: **125946** **Antonieta Dias de Morais**
Vulgo: -
Profissão: Escritora
Nacionalidade: -
Naturalidade: -
Datas-limite: **Inicial** 28/03/51 **Final** 17/02/67

Síntese: Antonieta Dias de Morais, segundo o relatório de 28 de março de 1951, mantinha amizades com intelectuais comunistas, sendo adepta da teoria marxista. Teria viajado a Varsóvia e, em seu regresso, seu marido solicitou-lhe o divórcio, pois "tendo em vista a concepção política da mulher, a vida em comum tornou-se impossível para ambos". Segundo a polícia, Antonieta era radicada em Santos e era "digna" de constantes observações. O relatório afirma estar anexando um recorte de jornal em que a prontuariada estaria ao lado do Barão de Mauá, na ocasião em que o artista Mário Moreno foi homenageado. Em 17 de abril de 1955, na Rádio Clube de Tanabi, a prontuariada ministrou uma conferência sobre guerra nuclear e bombas atômicas. O prontuário também contém um relatório sobre congestionamento no porto de Santos, propondo como uma das soluções o pagamento aos doqueiros por tonelagem, cubagem ou quantidade de volumes.

Palavras-chaves: *Bomba Atômica*
Comunismo
Guerra Nuclear
Intelectual
Porto de Santos
Rádio Clube de Tanabi
Varsóvia

Prontuário: **5014** **Antônio André Garijio**
Vulgo: -
Profissão: Estivador
Nacionalidade: -
Naturalidade: Santos - SP
Datas-limite: **Inicial** 20/09/38 **Final** 02/02/39

Síntese: Antônio André Garijio, o "Navalhada", que contava com várias passagens pela delegacia de polícia de Santos (furto, homicídio, ferimentos leves etc.), fazia parte da junta governativa do Centro dos Estivadores de Santos que foi destituída. Nessa função, ele "instigou" a greve de 19 de agosto de 1938, sob o pretexto de uma assembléia no centro, sendo detido de 21 de setembro a 4 de outubro de 1938. O Tribunal de Segurança Nacional pediu o arquivamento do processo em 14 de novembro de 1938.

Palavras-chaves: *Centro dos Estivadores (Sindicato dos Estivadores)*
Furto
Greve
Homicídio
Santos (SP)
Tribunal de Segurança Nacional

Prontuário: **82396 Antônio Barbosa dos Santos**
Vulgo: -
Profissão: Estivador
Nacionalidade: Brasileira
Naturalidade: Santos - SP
Datas-limite: **Inicial** 16/06/47
Síntese: Antonio Barbosa dos Santos, estivador, foi considerado um dos elementos comunistas de "maior evidência e periculosidade" de Santos em 1947.
Palavras-chaves: *Comunismo*
Santos (SP)

Prontuário: **4337 Antônio Bemvindo**
Vulgo: -
Profissão: Operário
Nacionalidade: Brasileira
Naturalidade: Olinda - PE
Datas-limite: **Inicial** 21/01/36 **Final** 16/06/47
Síntese: Antônio Bemvindo era um dos 15 fundadores do núcleo da ANL no Centro dos Estivadores de Santos, considerado como o único sindicato com "caráter subversivo". Foi expulso do mesmo por professar "idéias comunistas", tendo sido indiciado no fechamento da ANL. Aparece, em 1939, como elemento comunista ligado ao Sindicato dos Estivadores de Santos, com passagem pela delegacia de Santos. Foi definido pela polícia como "um dos elementos de maior evidência e periculosidade de Santos" em 1947. Em 6 de maio de 1938, o Tribunal de Segurança Nacional, a pedido do Ministério Público, deferiu sua exclusão da denúncia.
Palavras-chaves: *Aliança Nacional Libertadora*
Centro dos Estivadores (Sindicato dos Estivadores)
Comunismo
Santos (SP)

Prontuário: **6830** **Antônio de Lima**
Vulgo: -
Profissão: Doqueiro
Nacionalidade: Brasileira
Naturalidade: Santos - SP
Datas-limite: **Inicial** 13/05/46
Síntese: Antônio de Lima foi "um dos elementos comunistas de maior evidência e periculosidade de Santos" e esteve preso de 12 de maio a 22 de agosto de 1946 (em Santos e na Casa de Detenção) por ter participado da greve contra Franco, quando os estivadores se recusaram a trabalhar em navios espanhóis e receberam a solidariedade das demais classes portuárias. Foi condenado a um ano de prisão.
Palavras-chaves: *Antifascismo*
Comunismo
Francisco Franco
Greve
Santos (SP)

Prontuário: **4299** **Antônio Gustavo da Rocha**
Vulgo: -
Profissão: Estivador
Nacionalidade: Brasileira
Naturalidade: Alagoas
Datas-limite: **Inicial** 24/01/36 **Final** 09/06/39
Síntese: Antônio Gustavo da Rocha um dos 15 fundadores do núcleo da Aliança Nacional Libertadora no Centro dos Estivadores de Santos, único sindicato em que se organizou uma atividade "com caráter subversivo". Foi expulso do mesmo por professar idéias comunistas, tendo sido indiciado no fechamento da ANL. Aparece, em 1939, como elemento comunista ligado ao Sindicato dos Estivadores de Santos e ficou preso em São Paulo de 17 de novembro de 1937 a 3 de janeiro de 1938. Em 6 de maio de 1938, o Tribunal de Segurança Nacional, a pedido do Ministério Público, deferiu a sua exclusão da denúncia.

Palavras-chaves: *Aliança Nacional Libertadora*
Centro do Estivadores (Sindicato dos Estivadores)
Comunismo
Santos (SP)
Tribunal de Segurança Nacional

Prontuário: **3618 Antônio Lourenço Machado**
Vulgo: -
Profissão: Portuário
Nacionalidade: Brasileira
Naturalidade: Chapéus D'uvas- MG
Datas-limite: **Inicial** 10/12/35 **Final** 13/04/37
Síntese: Antônio Lourenço Machado foi um dos indiciados no fechamento da ANL, motivo pelo qual foi detido em 28 de novembro de 1935 (segundo folha de antecedentes) e posto em liberdade em 3 de março de 1937. O tribunal confirmou a sentença absolutória em 9 de dezembro de 1938. Apesar de negar ser comunista, trabalhou como secretário de propaganda da ANL, tendo comparecido a dois comícios, "por curiosidade".
Palavras-chaves: *Aliança Nacional Libertadora*
Comunismo
Santos (SP)

Prontuário: **128012 Antônio Miguel Martins**
Vulgo: Negro Alemão
Profissão: Estivador
Nacionalidade: -
Naturalidade: -
Datas-limite: **Inicial** 22/11/54
Síntese: Antônio Miguel Martins foi membro do Comitê Municipal de Santos do Partido Comunista do Brasil, quando ele se achava na legalidade. Foi eleito presidente do Sindicato dos Estivadores de Santos e teria um compromisso assumido com

a direção central do PCB, motivo que o levaria a imprimir ao sindicato, durante sua gestão, uma orientação comunista. A chapa de Manoel Cabeças, ex-presidente do Sindicato, foi derrotada por 179 votos.

Palavras-chaves: *Partido Comunista do Brasil*
Santos (SP)
Centro dos Estivadores (Sindicato dos Estivadores)

Prontuário: **124686** **Antônio Moreira Coelho**
Vulgo: -
Profissão: Cirurgião dentista
Nacionalidade: Brasileira
Naturalidade: Uberlândia - MG
Datas-limite: **Inicial** 05/11/45 **Final** 08/05/80

Síntese: Antônio Moreira Coelho possui um extenso histórico político, que se inicia em 5 de novembro de 1945, quando teria trazido Luiz Carlos Prestes do Rio para Santos, e finaliza em 25 de setembro de 1979, quando foi eleito membro do Conselho Deliberativo da Associação dos Cirurgiões Dentistas de Santos. No seu histórico político, a polícia relata que o prontuariado teria organizado o Partido Popular Progressista em 1947, ingressando no Partido Trabalhista Brasileiro em 1950, tendo sido eleito vereador por esse partido no ano seguinte. Também foi eleito presidente do Centro de Estudos e Defesa do Petróleo de Santos (11/06/51), tendo viajado aos Estados Unidos para assistir a reuniões anticomunistas do *Rearmamento Moral*. Foi apresentado como candidato a vice-prefeito pelo Partido Social Progressista, pelo Partido Social Trabalhista e pela dissidência do PTB em 1953, não conseguindo eleger-se. Em convenção do Partido Republicano Trabalhista (que congregava a "elite comunista" de Santos), foi incluído para disputar as eleições, sendo em seguida cassado. Esteve presente na chegada de João Goulart em 1957. Foi eleito presidente do PRT em 1959 e seguiu carreira política pelo MDB.

Palavras-chaves: *Associação dos Cirurgiões Dentistas de Santos*
Centro de Estudos e Defesa do Petróleo

Comunismo
Eleição
João Goulart
Luiz Carlos Prestes
Partido Trabalhista Brasileiro
Movimento Democrático Brasileiro
Partido Popular Progressista
Partido Republicano Trabalhista
Partido Social Progressista
Partido Social Trabalhista
Rearmamento Moral

Prontuário: **6645** **Antônio Moura**
Vulgo: -
Profissão: Doqueiro
Nacionalidade: Portuguesa
Naturalidade: Concelho de Monte Alegre
Datas-limite: **Inicial** 12/05/46 **Final** 12/07/47
Síntese: Antônio Moura ficou detido no DEOPS, entre 12 de maio a 13 de junho de 1946, em conseqüência da greve contra Franco, quando os estivadores se recusaram a trabalhar em navios espanhóis e receberam a solidariedade das demais classes portuárias.
Palavras-chaves: *Antifascismo*
Francisco Franco
Greve
Santos (SP)

Prontuário: **88514** **Antônio Otero Blanco**
Vulgo: -
Profissão: -
Nacionalidade: -
Naturalidade: -
Datas-limite: **Inicial** 23/01/48 **Final** 05/02/48
Síntese: Antônio Otero Blanco teve o seu atestado de antecedentes solicitado em 1948, provavelmente para efeito de naturalização, não constando nada que "desabonasse" sua conduta.

Palavras-chaves: *Atestado de antecedentes político-sociais*
Naturalização

Prontuário: **92041** **Antônio Pedro Fernandes**
Vulgo: -
Profissão: -
Nacionalidade: -
Naturalidade: -
Datas-limite: **Inicial** 02/11/47
Síntese: Antônio Pedro Fernandes consta de uma lista de elementos comunistas que estariam articulando agitações e movimentos subversivos entre os operários da Companhia Docas.
Palavras-chaves: *Companhia Docas*
Comunismo
Santos (SP)
Subversão

Prontuário: **14256** **Antônio Rodrigues**
Vulgo: -
Profissão: -
Nacionalidade: -
Naturalidade: Caieiros
Datas-limite: **Inicial** 16/08/43 **Final** 23/10/62
Síntese: Antônio Rodrigues seria, segundo a qualificação, prontuariado no Arquivo Geral desde 26 de janeiro de 1938, ocasião esta em que foi processado e absolvido pelo TSN. Consta ainda um ofício do delegado de polícia de Santos solicitando informações sobre a qualificação do prontuariado, por haver participado do inquérito instaurado por aquela delegacia, em 1936, a respeito da reorganização do PCB e da ANL. Porém, havia inúmeras pessoas com esse mesmo nome.
Palavras-chaves: *Aliança Nacional Libertadora*
Comunismo
Partido Comunista do Brasil
Santos (SP)
Tribunal de Segurança Nacional

Prontuário: **4288 Antônio Simões de Almeida**
Vulgo: -
Profissão: Guarda-livros
Nacionalidade: -
Naturalidade: Cubatão - SP
Datas-limite: **Inicial** 01/04/32 **Final** 18/12/34

Síntese: Antônio Simões de Almeida, em 1º de abril de 1932, foi citado em um relatório que afirmava que os "mil e tantos" operários dispensados do serviço de construções nas docas formaram uma associação, exigindo o desconto que fizeram para o caixa. Iriam se reunir na madrugada do dia 2 para 3 do mesmo mês, porém, o mesmo documento afirmava que todos os homens citados deveriam ser presos. Segundo o relatório de 12 de janeiro de 1936, nada se tinha conseguido apurar a respeito da distribuição de boletins feita pelo prontuariado, apesar de o investigador ter consultado o prontuário n.º 7701 na delegacia regional de polícia de Santos. Segundo o relatório, foi feita uma busca em 6 de julho de 1923 em sua residência, onde foi apreendido farto material de propaganda subversiva. Era acusado de manter ligações com jornais no Rio de Janeiro e com diversas tipografias. O investigador conclui que Simões "no atual momento age às ocultas, e penso que numa busca que se desse em sua residência, seriam encontrados documentos comprometedores para ele e valiosos para a polícia". O prontuariado chegou a ser indicado para ocupar o cargo de delegado da subdelegacia de Cubatão (na época um distrito de Santos), porém, não foi empossado devido à intervenção de Pedro Alcântara, delegado de Santos. Simões publicou uma nota de falecimento para despistar a polícia que estava à sua procura. Após ter sido denunciado por agitação, o prontuariado foi convidado a prestar declarações. Confessou "ter sido fervoroso adepto e propagandista da doutrina moscovita [e] afirmou ter deixado tais atividades no ano de mil novecentos e trinta, em que se desligara, por motivo de saúde, [da condição] de membro do 'Bloco Operário e Camponês do Brasil', com filial em Cubatão. Esclareceu que o material de propaganda apreendido somente por inadvertência continuava em sua casa, porque já se desfizera da maioria de seus livros de ideologia vermelha muito tempo antes. "Deveria ser formidável sua primitiva biblioteca, porquanto, ora apreendida, ainda represente um cabedal de vulto". Esteve detido de 21 de novembro de 1941 a 21 de novembro de 1943. Um relatório de 1947 afirmava que a sede do PCB em Cubatão foi fechada após as eleições de 1945 por divergências e que as 2 reuniões anteriores à eleição de 1946 foram realizadas na sede do Comitê Democrático, sem responsabilidade da direção desse órgão. Segundo o próprio acusado, o alistamento de eleitores era feito em Santos na rua do Comércio.

Palavras-chaves: *Biblioteca*
Bloco Operário e Camponês
Boletim
Comitê Democrático
Construção Civil
Cubatão (SP)
Desemprego
Partido Comunista do Brasil
Propaganda
Santos (SP)
Tipografia

Prontuário: **6628** **Arcelino Salviano**
Vulgo: -
Profissão: Operário
Nacionalidade: Brasileira
Naturalidade: Paraíba
Datas-limite: **Inicial** 12/05/46 **Final** 26/07/46

Síntese: Arcelino Salviano, que não registrava antecedentes, foi preso de 12 de maio a 13 de junho de 1946 por participar da greve contra Franco, apesar de ter em seu favor um pedido de *habeas corpus*. Seu nome não consta na sentença final do processo.

Palavras-chaves: *Antifascismo*
Francisco Franco
Greve
Santos (SP)

Prontuário: **9679 Aristides Marques de Oliveira**
Vulgo: -
Profissão: -
Nacionalidade: -
Naturalidade: -
Datas-limite: **Inicial** 04/02/44 **Final** 17/02/44
Síntese: O delegado de polícia de Santos solicitou informações sobre os antecedentes de Aristides Marques de Oliveira. O delegado de São Paulo afirmou que não havia nada que desabonasse a conduta do prontuariado.
Palavras-chaves: *Atestado de antecedentes político-sociais*
Santos (SP)

Prontuário: **11881 Armando Corrêa**
Vulgo: -
Profissão: Chofer
Nacionalidade: Brasileira
Naturalidade: Santos - SP
Datas-limite: **Inicial** 04/03/44 **Final** 18/07/44
Síntese: Armando Corrêa esteve detido entre 4 e 8 de março de 1944 por usar gasolina adulterada, o que era considerado crime de ordem econômica durante o tempo de guerra.
Palavras-chaves: *Crime de ordem econômica*

Prontuário: **572 Armazéns Reguladores de Café**
Vulgo: -
Profissão: -
Nacionalidade: -
Naturalidade: -
Datas-limite: **Inicial** 17/03/31 **Final** 23/07/34
Síntese: Refere-se às sucessivas greves e ao controle da polícia sobre essas greves nos Armazéns Reguladores de Café.
Palavras-chaves: *Armazéns Reguladores de Café*
Greve
Santos (SP)

Prontuário: **107285** **Arnaldo dos Santos**
Vulgo: -
Profissão: Funcionário da Prefeitura Municipal de Santos
Nacionalidade: -
Naturalidade: -
Datas-limite: **Inicial** 17/12/50 **Final** 07/03/51

Síntese: Arnaldo dos Santos foi acusado de ser um dos cabeças (juntamente com João da Conceição, Odete Ribeiro, Antônio Gonçalves, Domingos Soares da Cruz, João Cabral, Jacinto Pecas, Carlos Colarcice, João Maria Fortes, Francisco Cardoso e Antônio Vicente Barbosa) de um movimento grevista ocorrido em 29 de novembro de 1948 entre o pessoal assalariado da Prefeitura Municipal, quando ficaram suspensos os serviços de limpeza pública, chegando mesmo a paralisar os sepultamentos. A sentença de Benedito de Oliveira Noronha, Juiz de Direito da 1ª Vara Criminal de Santos, de 17 de dezembro de 1950, condenou Francisco Cardoso a seis meses de detenção e ao pagamento da multa de Cr$ 2.000,00, além de Cr$ 20,00 de taxas e custos do processo em promoção. A sentença afirma que a greve durou quinze dias começando com o setor de obras e jardins, alastrando-se para a adesão do pessoal da garagem e oficinas municipais da limpeza e dos cemitérios. Em 10 de janeiro de 1951, o delegado informava desconhecer o paradeiro do prontuariado.

Palavras-chaves: *Greve*
Prefeitura Municipal de Santos

Prontuário: **1571** **Arthur Logo Teixeira (ou Arthur Lopes Teixeira)**
Vulgo: -
Profissão: Estivador
Nacionalidade: Brasileira
Naturalidade: Recife-PE
Datas-limite: **Inicial** 02/04/32 **Final** 06/04/32

Síntese: Arthur Logo Teixeira foi detido em 2 de abril de 1932 para "averiguações comunistas", no entanto, não registrava antecedentes.
Palavras-chaves: *Comunismo*
Santos (SP)

Prontuário: **82399** **Artur do Monte**
Vulgo: -
Profissão: Estivador
Nacionalidade: -
Naturalidade: -
Datas-limite: **Inicial** 16/06/47
Síntese: Artur do Monte teve seu nome apontado como um dos elementos comunistas de "maior evidência e periculosidade" de Santos em um relatório sobre as atividades comunistas referentes ao mês de maio de 1947. Várias entidades classificadas de comunistas foram fechadas, sem reação dos comunistas.
Palavras-chaves: *Comunismo*
Santos (SP)

Prontuário: **102902** **Associação dos Ex-combatentes de Santos**
Vulgo: -
Profissão: -
Nacionalidade: -
Naturalidade: -
Datas-limite: **Inicial** 10/10/49
Síntese: A Associação dos Ex-combatentes foi uma das três entidades que tinham caráter subversivo permanente. Era "dirigida por Aldo Riparsati, que se deixou iludir pelo credo vermelho, dedicando-se de corpo e alma ao 'Centro de Estudos e Defesa do Petróleo', com cunho acentuadamente extremista. Esqueceu-se ele, como expedicionário da última guerra, que o Brasil, juntamente com as Nações Unidas, defendeu

em solo europeu a liberdade dos povos, que a Rússia de Stalin pretende agora sacrificar, a fim de implantar no mundo o seu regime de escravização".

Palavras-chaves: *Associação dos Ex-combatentes de Santos*
Centro de Estudos e Defesa do Petróleo
Comunismo
Rússia
Santos (SP)
Segunda Guerra Mundial
Stalin

Prontuário: **71238** **Athur Demétrio Barroso**
Vulgo: -
Profissão: Funcionário da Prefeitura Municipal de Santos
Nacionalidade: Brasileira
Naturalidade: Ubatuba - SP
Datas-limite: **Inicial** 27/05/46 **Final** 23/10/51

Síntese: Athur Demétrio Barroso foi citado como um dos elementos comunistas da Prefeitura de Santos, estando preso de 14 a 15 de outubro de 1949 por "atividades comunistas". Um relatório sobre o Centro Santista de Estudos e Defesa do Petróleo e Economia Nacional afirma que o prontuariado foi um dos comunistas a participar das reuniões, uma das quais se realizaria em sua casa. Faria parte do Comitê Pró-paz de Santos. O relatório policial de 22 de janeiro de 1951 sobre as atividades comunistas durante a campanha eleitoral cita várias vezes o prontuariado, que conseguiu registro no Partido Trabalhista Nacional, mas desistiu quando a policia interveio. O relatório conclui que, graças à intervenção policial, os comunistas optaram por nomes de menor projeção e acabaram por perder a eleição.

Palavras-chaves: *Centro de Estudo e Defesa do Petróleo*
Comitê Pró-paz
Comunismo
Eleição

Partido Trabalhista Nacional
Santos (SP)

Prontuário: **6640** **Ayres Antônio de Oliveira**
Vulgo: -
Profissão: Estivador
Nacionalidade: Brasileira
Naturalidade: Santa Catarina
Datas-limite: **Inicial** 12/05/46 **Final** 23/12/47
Síntese: Ayres Antônio de Oliveira, que não registrava antecedentes, foi preso em 12 de maio de 1946 por participar da greve contra Franco. Seu nome constava ainda em um pedido de *habeas corpus* e na sentença do processo, pelo qual foi condenado a um ano de prisão.
Palavras-chaves: *Antifascismo*
Francisco Franco
Greve
Santos (SP)

Prontuário: **9010** **Belarmino Coelho**
Vulgo: -
Profissão: Estivador
Nacionalidade: Portuguesa
Naturalidade: Viseu
Datas-limite: **Inicial** 14/05/46 **Final** 26/07/46
Síntese: Belarmino Coelho foi preso em Santos em 12 de maio de 1946 por ser "agitador" na greve contra Franco, quando os estivadores se recusaram a trabalhar em navios espanhóis e receberam a solidariedade das demais classes portuárias.
Palavras-chaves: *Antifascismo*
Francisco Franco
Greve
Santos (SP)

Prontuário: **92042** **Benedito Brandão**
Vulgo: -
Profissão: -
Nacionalidade: -
Naturalidade: -
Datas-limite: **Inicial** 02/11/47 **Final** 03/08/50

Síntese: Benedito Brandão teve seus antecedentes investigados pelo chefe do DS1,que questionava se ele professava uma ideologia que fosse "incompatível com as instituições ou interesses da nação". Seu nome consta como membro da direção da Associação Beneficente dos Empregados da Cia. Docas, afastada por dilapidar o patrimônio. Porém, o prontuariado renunciou antes do processo terminar. A diretoria era composta por elementos comunistas e, na época da renúncia, recebeu um "voto de desconfiança". O atual secretário da Associação teve seu nome apontado como um dos elementos articulados por promover agitações entre os operários da Cia. Docas. Segundo o delegado de polícia de Santos "não pode ser considerado como tal [comunista]".

Palavras-chaves: *Associação Beneficente dos Empregados da Cia. Docas*
Companhia Docas
Comunismo
Santos (SP)

Prontuário: **100505** **Benedito Peres Lugo**
Vulgo: -
Profissão: Carregador
Nacionalidade: Espanhola
Naturalidade: Orense
Datas-limite: **Inicial** 21/05/49

Síntese: O espanhol Benedito Peres Lugo requereu um atestado de antecedentes político-sociais, para registrar-se em um hotel. Segundo a ficha de identificação, o prontuariado identificado em Santos, sob o número 9219, tinha "boa conduta".

Palavras-chaves: *Atestado de antecedentes político-sociais*
Santos (SP)

Prontuário: **5016** **Bernardino Nery de Carvalho**
Vulgo: Abóbora
Profissão: Estivador
Nacionalidade: Brasileira
Naturalidade: São Salvador - BA
Datas-limite: **Inicial** 20/09/38 **Final** 23/10/45
Síntese: Bernardino Nery de Carvalho teve prisão preventiva solicitada em 19 de agosto de 1938 por instigar a paralisação dos serviços sob o pretexto de uma assembléia no Centro. Esteve preso de 21 de setembro a 9 de outubro de 1938. Em Santos, foi preso em 1º de agosto de 1938 e, no dia seguinte, já estava incluso na Lei de Segurança Nacional. O Tribunal de Segurança Nacional pediu o arquivamento do processo em 14 de novembro de 1938.
Palavras-chaves: *Centro dos Estivadores (Sindicato dos Estivadores)*
Greve
Santos (SP)
Tribunal de Segurança Nacional

Prontuário: **120819** **Bernardo de Abreu Madeira**
Vulgo: -
Profissão: Político
Nacionalidade: Brasileira
Naturalidade: Santos - SP
Datas-limite: **Inicial** 22/05/53 **Final** 09/09/55
Síntese: Bernardo de Abreu Madeira solicitou em 6 de novembro de 1955 um atestado de antecedentes para se candidatar a vereador de Santos. O atestado foi expedido no dia 9 do mesmo mês 9 porque Madeira não foi condenado por delito político social. No entanto, informações da seção de arquivos e fichários do "SS" afirmava se tratar de "antigo militante comunista, com ação em Santos onde reside. Já foi preso várias

vezes". No histórico que o órgão fez do prontuariado, consta que foi presidente do Sindicato dos Empregados no Comércio de Santos (23/8/51). Um radiotelegrama (26/2/53) informa que ele lançou sua candidatura a vice prefeito. Foi um dos organizadores (22/5/53) da "Comissão de Combate à Carestia e ao Racionamento" e, em onze de agosto de 1953, um dos líderes sindicais que apoiou o encontro mundial dos trabalhadores em Viena. Também participou de uma comissão de Santos Pró-encontro, sendo eleito presidente da mesma em 21 de agosto de 1953. O prontuariado acabou por ir ao encontro sob os "auspícios do PC". Em 8 de abril de 1954, estaria organizando a Frente Única dos Patriotas de Santos e seria um dos deputados federais pela cidade.

Palavras-chaves: *Comissão de Combate à Carestia e o Racionamento*
Comunismo
Encontro Mundial dos Trabalhadores (Viena)
Frente Única dos Patriotas
Partido Comunista do Brasil
Santos (SP)
Sindicato dos Empregados no Comércio de Santos

Prontuário: **2099** **Camilo Pree**
Vulgo: -
Profissão: -
Nacionalidade: -
Naturalidade: -
Datas-limite: **Inicial** 02/07/32 **Final** 12/06/33

Síntese: Camilo Pree foi detido em Santos em 2 de julho de 1932 por ser comunista, sendo, portanto, considerado nocivo à ordem pública. No primeiro termo de declaração, de 1932, afirmou que era garçom de Hotel e que freqüentava a União Beneficente dos Trabalhadores em Construção Civil porque apreciava as discussões em torno do interesse do proletariado. Fez críticas ao Centro Internacional que, apesar de ser uma sociedade beneficente e propugnadora dos interesses do proletariado, nenhum auxílio trazia aos trabalhadores. Afirmou também não estar convicto de ser comunista, pois ainda estava estudando o credo, mas alegou que achava justo propagá-lo, apesar de não o fazer. Já no termo de declaração de 1933 afirmou estar desempregado e ter sido preso no Restaurante Estrela por propagar o comunismo, o que negou, pois não faria parte do partido nem de nenhuma organização a ele ligada. Declarou apoiar as reivindicações do Centro Internacional de Santos, em que não se discutia o credo vermelho.

Palavras-chaves: *Centro Internacional de Santos*
Comunismo
Restaurante Estrela
Santos (SP)
União Beneficente dos Trabalhadores da Construção Civil

Prontuário: **6642** **Carlos Matos Costelas**
Vulgo: -
Profissão: Estivador
Nacionalidade: Portuguesa
Naturalidade: Oveiros
Datas-limite: **Inicial** 12/05/46 **Final** 13/05/46
Síntese: Carlos Matos esteve detido por participar da greve contra Franco.

Palavras-chaves: *Antifascismo*
Comunismo
Francisco Franco
Greve
Santos (SP)

Prontuário: **82441** **Célula Marítimos**
Vulgo: -
Profissão: -
Nacionalidade: -

Naturalidade: -
Datas-limite: **Inicial** 16/06/47
Síntese: A Célula Marítimos fazia parte de uma das 57 células de Santos que, juntamente com o Comitê Municipal (4 Comitês Distritais e os 7 Comitês Democráticos Populares), fazia parte da estrutura do PCB em Santos.
Palavras-chaves: *Célula Marítimos*
Comunismo
Partido Comunista do Brasil
Santos (SP)

Prontuário: **82428** **Célula Vinte e Cinco (Cia. Docas)**
Vulgo: -
Profissão: -
Nacionalidade: -
Naturalidade: -
Datas-limite: **Inicial** 16/06/47
Síntese: A Célula Vinte e Cinco de Março (Cia. Docas) fazia parte de uma das 57 células de Santos, que, juntamente com o Comitê Municipal (4 Comitês Distritais e 7 Comitês Democráticos Populares), fazia parte da estrutura do PCB em Santos.
Palavras-chaves: *Célula Vinte e Cinco de Março*
Companhia Docas
Comunismo
Partido Comunista do Brasil
Santos (SP)

Prontuário: **2594** **Centro dos Estivadores de Santos**
Vulgo: -
Profissão: -
Nacionalidade: -
Naturalidade: -
Datas-limite: **Inicial** 21/10/35 **Final** 03/07/47

Síntese: O Centro dos Estivadores de Santos teve mais de 30 membros expulsos em 20 de abril de 1936. Há panfletos e publicações das candidaturas que concorriam para a direção da entidade. Existiu nesse Centro um núcleo da ANL que a polícia concluiu ter sido fundado por 15 membros da instituição. Agenor José dos Santos foi afastado da presidência e processado em 1940, juntamente com a diretoria anterior, por dilapidar o patrimônio do sindicato com a compra de um terreno superfaturado. Em 1938, a polícia solicitou a prisão dos membros da ex-Junta Governativa por instigarem uma greve sob o "fútil" pretexto de uma assembléia. Há ainda informações sobre o que tinha sido discutido em algumas assembléias.

Palavras-chaves: *Aliança Nacional Libertadora*
Centro dos Estivadores (Sindicato dos Estivadores)
Eleição
Greve
Panfleto
Santos (SP)

Prontuário: **81397** **Centro Santista de Estudos e Defesa do Petróleo**

Vulgo: -
Profissão: -
Nacionalidade: -
Naturalidade: -
Datas-limite: **Inicial** 14/07/51 **Final** 27/06/49

Síntese: O Centro Santista de Estudo e Defesa do Petróleo defendeu uma campanha pela instalação de uma refinaria em Santos que poderia ser instalada no Pará. O Centro pretendia fazer um comício no dia 30 de junho de 1949 na Praça da República em São Paulo, solicitando então uma autorização à polícia. O Centro remeteu um oficio às várias autoridades municipais e estaduais que tinham defendido a instalação da refinaria em Santos, em entrevista ao jornal *A Tribuna*, convidando-as para uma solenidade sobre o assunto em recinto fechado e que se realizaria em 28 de julho de 1949. No entanto, o pedido foi negado sob a alegação do "referido Centro ter grande infiltração comunista", visando criar "agitação em Santos". Em 1951, o Centro convidou o "povo de Santos" para assistir às reuniões preparatórias do Segundo Congresso Estadual de Defesa do Petróleo a ser realizado entre 2 e 3 de julho. Porém, as reuniões não se realizaram por não ter comparecido ninguém.

Palavras-chaves: *A Tribuna (jornal)*
Centro Santista de Estudos e Defesa do Petróleo
Comício
Comunismo
Refinaria de Petróleo
Segundo Congresso Estadual de Defesa do Petróleo

Prontuário: **82400** **Cerciliano Nunes**
Vulgo: Baleia Integralista
Profissão: Estivador
Nacionalidade: -
Naturalidade: -
Datas-limite: **Inicial** 16/06/47
Síntese: Cerciliano Nunes, vulgo "Baleia Integralista", foi considerado como "um dos elementos comunistas de maior evidência e periculosidade de Santos".
Palavras-chaves: *Comunismo*
Santos (SP)

Prontuário: **74833** **César Lacerda Vergueiro**
Vulgo: -
Profissão: Político
Nacionalidade: -
Naturalidade: -
Datas-limite: **Inicial** 08/09/48 **Final** 19/10/48
Síntese: César Lacerda Vergueiro, homem público de Santos, foi nomeado Secretário da Justiça e dos Negócios do Interior em 1948.

Palavras-chaves: *Nomeação*
Santos (SP)
Secretário da Justiça e dos Negócios do Interior

Prontuário: **14276** **Cesario Fedi (ou Tedi Cesare)**
Vulgo: -
Profissão: Marítimo
Nacionalidade: Italiana
Naturalidade: Gênova
Datas-limite: **Inicial** 20/04/33 **Final** 16/06/44
Síntese: Cesario Tedi ou Fedi Cesare, marítimo italiano, foi preso em 20 de abril de 1944. O motivo da prisão seria o ofício n° 240 da delegacia de Olímpia, porém, não consta informação sobre o seu conteúdo. O prontuariado, após morar em Santos, estaria morando há 14 meses na cidade de Olímpia.
Palavras-chaves: *Detenção*
Olímpia (SP)
Santos (SP)

Prontuário: **1978** **Constantino Rodrigues Silva**
Vulgo: -
Profissão: Pedreiro
Nacionalidade: Brasileira
Naturalidade: Distrito Federal - RJ
Datas-limite: **Inicial** 07/07/32 **Final** 18/10/32
Síntese: Constantino Rodrigues Silva foi detido em 1926 por "defloramento" de uma menor, com quem acabou por se casar. Em 7 de julho de 1932, foram apresentados ao delegado os elementos João Freire de Oliveira, Constantino Rodrigues Silva e Antônio Brittes dos Santos, que teriam numerosas passagens pela delegacia de Santos. A batida policial na Rua João Alfredo, no número 307, encontrou seus nomes ligados a "empreendimentos vermelhos". O relatório afirmava ainda que,

"sob a aparência pacata que falsamente demonstram, esses elementos perniciosos aproveitam o campo facilmente impressionável das classes rudes para disseminação de suas idéias". Em setembro de 1932, Constantino Rodrigues Silva afirmou que, em princípios de maio, foi preso na União dos Trabalhadores em Construção Civil, onde se encontrava "acidentalmente", solicitando licença para trabalhar. Alega que, apesar de trabalhar por conta própria, não conseguiu a permissão, sofrendo ameaça de espancamento. Foi identificado como agitador de greve por Heitor Bianco, delegado de Santos, e solto em seguida. Foi novamente preso no dia 7 de setembro, acreditando ser pelo motivo acima referido. Afirmou que não retirou a nota de greve da delegacia por não possuir recursos, já que sustentava cinco filhos e a mãe viúva. Ainda alegou poder provar sua inocência. Era eleitor do Partido Republicano Paulista. Em dezenove de outubro de 1932, foi solicitada pelo delegado a libertação do prontuariado.

Palavras-chaves: *Comunismo*
Defloramento
Delegado
Greve
Partido Republicano Paulista
Santos (SP)
União dos Trabalhadores em Construção Civil de Santos

Prontuário: **3339** **Constantino Torres**
Vulgo: -
Profissão: Cozinheiro
Nacionalidade: Espanhola
Naturalidade: Orense
Datas-limite: **Inicial** 24/10/32 **Final** 18/12/34

Síntese: Constantino Torres e Alexandre Diego Fernandes foram apresentados ao DEOPS em 24 de outubro de 1932 por serem comunistas. Em 18 de dezembro de 1934, Clóvis Carvalho, do Departamento de Trabalho, solicitou o que o Sindicato dos Garçons estava lhe pedindo: a liberdade de Constantino Torres. Em seu termo de declarações (s/d), Torres afirmou que " residiu em Santos onde foi presidente do Sindicato por ocasião da greve ocorrida em 1934, mas que desligou-se do mesmo por estar ligando-se a elementos extremados". Afirmou que, enquanto presidente do Sindicato, para arrecadar fundos de greve, vinha freqüentemente a São Paulo, onde conseguiu dinheiro com alguém chamado Fonseca (que ele reconheceu) e de outros, entre os quais Caio Prado. Citou ainda Antônio Spina e Antônio Brites, ambos falecidos. Relatou uma reunião clandestina com a presença de comunistas na fazenda de Fonseca. Em um artigo publicado na imprensa de Santos, assinado por Constantino Torres, quando era presidente do Sindicato dos Hotéis, Restaurantes e Similares, o prontuariado rebateu as acusações de Cesario Hernandez, afirmando que ele estava "desmoralizado", sendo que as acusações eram o seu último recurso. Torres ainda lembrou alguns fatos da administração de Cesario. Já as acusações que Cesario fazia eram estas: Constantino dirigia uma diretoria empossada ilegalmente, jogava a classe na lama, tratava os trabalhadores como simples bonecos e andava cercado de capangas. Constantino respondeu que "como homem e proletário que nunca traiu os seus companheiros, só tenho por guarda a minha consciência tranqüila" e acrescentou que o acusador deveria olhar para os seus apaniguados, que devido ao alcoolismo, perdem os seus empregos. O nome do prontuariado consta de uma lista de elementos do Partido Socialista.

Palavras-chaves: *Caio Prado Júnior*
Departamento do Trabalho
Partido Socialista Brasileiro
Sindicato dos Garçons
Sindicato dos Hóteis, Restaurantes e Similares

Prontuário: **67902** **Coralio de Castro Pereira**
Vulgo: -
Profissão: Portuário

Nacionalidade: Brasileira
Naturalidade: Santos
Datas-limite: **Inicial** 14/05/46 **Final** 02/11/47
Síntese: Coralio de Castro Pereira foi um dos "elementos comunistas de maior evidência e periculosidade de Santos". Esteve preso de quatorze a dezesseis de maio de 1946 por participar da greve contra Franco, quando os estivadores se recusaram a trabalhar em navios espanhóis e receberam a solidariedade das demais classes portuárias. Entre 6 de julho e 24 de agosto de 1946 se encontrava preso na Casa de Detenção por crimes "contra a Segurança Nacional". Foi citado em 2 de novembro de 1947 como um dos elementos comunistas que se preparavam para promover agitações entre os empregados da Cia. Docas de Santos.
Palavras-chaves: *Antifascismo*
Companhia Docas
Comunismo
Francisco Franco
Greve
Santos (SP)

Prontuário: **5011** **Daniel Baptista dos Santos**
Vulgo: -
Profissão: -
Nacionalidade: -
Naturalidade: -
Datas-limite: **Inicial** 17/03/38 **Final** 14/11/38
Síntese: Daniel Baptista dos Santos foi indiciado na Lei de Segurança Nacional, sendo excluído da denúncia em 9 de março de 1938. Consta da relação de pessoas processadas pela Delegacia de Santos e na relação de pessoas processadas por atividades comunistas no período de 1935 a 1937.
Palavras-chaves: *Comunismo*
Santos (SP)

Prontuário: **82280** **Delegacia. dos Contra Mestres Marinheiros e Moços da Marinha Mercante**

Vulgo: -
Profissão: -
Nacionalidade: -
Naturalidade: -
Datas-limite: **Inicial** 16/06/47

Síntese: A Delegacia dos Contra Mestres Marinheiros e Moços da Marinha Mercante consta em um relatório sobre as atividades comunistas referentes ao mês de maio em Santos e sobre as entidades e sindicatos que foram fechados pela Delegacia Regional do Trabalho e pela polícia por terem diretorias integradas por elementos comunistas. Contém ainda uma relação dos elementos de "maior evidência e periculosidade de Santos".

Palavras-chaves: *Comunismo*
Delegacia dos Contra Mestres Marinheiros e Moços da Marinha Mercante
Delegacia Regional de Trabalho
Santos (SP)
Sindicato

Prontuário: **82282** **Delegacia dos Ferroviários de Santos**

Vulgo: -
Profissão: -
Nacionalidade: -
Naturalidade: -
Datas-limite: **Inicial** 16/06/47

Síntese: A Delegacia dos Ferroviários de Santos consta em um relatório sobre as atividades comunistas referentes ao mês de maio em Santos e sobre as entidades e sindicatos que foram fechados pela Delegacia Regional de Trabalho e pela polícia por terem diretorias integradas por elementos comunistas. Contém ainda uma relação dos elementos de "maior evidência e periculosidade de Santos".

Palavras-chaves: *Comunismo*
Delegacia Regional do Trabalho
Santos (SP)
Sindicato

Prontuário: **82281** **Delegacia dos Foguistas de Santos**
Vulgo: -
Profissão: -
Nacionalidade: -
Naturalidade: -
Datas-limite: **Inicial** 16/06/47
Síntese: A Delegacia dos Foguistas de Santos consta em um relatório sobre as atividades comunistas referentes ao mês de maio em Santos e sobre as entidades e sindicatos que foram fechados pela Delegacia Regional do Trabalho e pela polícia por terem diretorias integradas por elementos comunistas. Contém ainda uma relação dos elementos de "maior evidência e periculosidade de Santos".
Palavras-chaves: *Comunismo*
Delegacia dos Foguistas de Santos
Delegacia Regional do Trabalho
Santos (SP)
Sindicato

Prontuário: **37642** **Deoclécio Augusto Santana**
Vulgo: -
Profissão: Ensacador e operário
Nacionalidade: Brasileira
Naturalidade: Nossa Senhora das Dores ou Tabaiana - SE
Datas-limite: **Inicial** 01/10/44 **Final** 30/09/49
Síntese: Deoclécio Augusto Santana foi considerado um dos elementos de "maior evidência e periculosidade de Santos". Em 1944, estaria, juntamente com mais sete ensacadores, movendo uma cerrada campanha contra a direção do Sindicato

dos Operários do Comércio Armazenador e Carregadores e Ensacadores de Café. Foi preso de 14 a 16 de maio de 1946, provavelmente em decorrência da greve contra Franco, não havendo, no entanto, nenhum documento relacionado ao ocorrido. Também foi detido de 6 a 9 de agosto do mesmo ano, por ter ido ao Comício da Paz, no qual discursava o deputado Porfírio. Deoclécio faleceu em um comício em Santos, em 30 de setembro de 1949, na Bacia do Macuco. Realizava-se a campanha *O Petróleo é Nosso*, que resultou na morte do policial José Cirilo dos Reis e do prontuariado, que estaria armado.

Palavras-chaves: *Campanha "O Petróleo é Nosso"*
Comício da Paz em Santos
Comunismo
Santos (SP)
Sindicato dos Operários do Comércio Armazenador e Carregadores e Ensacadores de Café

Prontuário: **99018** **Deoclécio Freire da Costa**
Vulgo: -
Profissão: Motorista
Nacionalidade: Brasileira
Naturalidade: Alagoas
Datas-limite: **Inicial** 04/03/49 **Final** 09/03/49

Síntese: Deoclécio Freire da Costa foi acusado de encabeçar uma paralisação dos serviços da companhia de ônibus Expresso Brasileiro no dia 26 de fevereiro de 1949, véspera de carnaval, sendo detido juntamente com os demais indiciados com a ajuda da polícia Marítima. A polícia de Santos tomou conhecimento da articulação da greve, ao encontrar boletins e panfletos solicitando aumento salarial, em um dos ônibus da empresa e ao interrogar o motorista. O jornal *Hoje* foi acusado de publicar notícias tendenciosas quatro dias antes da greve, pois o correspondente de Santos teria relatado a existência de manifestos por aumento de salário.

Palavras-chaves: *Boletim*
Companhia de Ônibus Expresso Brasileiro
Greve
Hoje (jornal)
Panfleto
Polícia Marítima
Santos (SP)

Prontuário: **70677** **Diamantino Guedes Coelho**
Vulgo: -
Profissão: -
Nacionalidade: -
Naturalidade: -
Datas-limite: **Inicial** 06/07/46 **Final** 23/12/47
Síntese: Diamantino Guedes Coelho, um dos "elementos de maior evidência e periculosidade de Santos", foi condenado, em 1947, a um ano de prisão por ter participado da greve contra Franco em 1946. Em 24 de agosto de 1946, foi solto, estando preso por crime "contra a Segurança Nacional".
Palavras-chaves: *Antifascismo*
Francisco Franco
Greve
Santos (SP)

Prontuário: **321** **Diogo Barrientos**
Vulgo: -
Profissão: -
Nacionalidade: -
Naturalidade: -
Datas-limite: **Inicial** 19/04/34 **Final** 08/11/35
Síntese: Diogo Barrientos teria tentado matar Adalberto Paschoal, sendo processado e julgado em 19 de abril de 1934, conseguindo a absolvição. Em Santos, seu prontuário era o de n.º 49512. Foi processado pelo TSN (n.º 127). Em seu termo de declarações de 8 de novembro de 1935, o declarante afirmou

que "sempre gostou de matar, e, como se diz comumente, ser 'espírito de porco', pois o declarante sempre tem sido briguento, mas ultimamente tem se regenerado; que o declarante, em Santos, tem se envolvido em tentativa de morte contra um empregado das Docas"

Palavras-chaves: *Assassinato*
Companhia Docas
Santos (SP)
Tribunal de Segurança Nacional

Prontuário: **6810** **Domingos Antônio**
Vulgo: -
Profissão: Doqueiro
Nacionalidade: -
Naturalidade: Castanheira
Datas-limite: **Inicial** 17/03/37 **Final** 26/07/46

Síntese: Domingos Antônio teve a liberdade pedida em 17 de março de 1937, não se justificando a razão de sua prisão. Em doze de maio de 1946, foi preso em Santos por ser "agitador" na greve contra Franco, quando os estivadores se recusaram a trabalhar em navios espanhóis e receberam a solidariedade das demais classes portuárias. E em 26 de julho de 1946, em um relatório, consta seu nome em um pedido de *habeas corpus*.

Palavras-chaves: *Antifascismo*
Francisco Franco
Greve
Santos (SP)

Prontuário: **71228** **Domingos Soares Cruz**
Vulgo: -
Profissão: Funcionário da Prefeitura Municipal de Santos
Nacionalidade: Brasileira
Naturalidade: Montes Claros - MG
Datas-limite: **Inicial** 02/08/46 **Final** 08/11/60

Síntese: Domingos Soares Cruz assinou um telegrama, juntamente com outros cidadãos de Santos, destinado a Dutra, no qual protestava contra a violência policial no Largo da Concórdia no Rio de Janeiro em 1946. Foi considerado, em 1947, "um dos elementos de maior evidência e periculosidade de Santos". Esteve detido de 14 a 15 de outubro de 1949, provavelmente por sua participação no Comitê Pró-paz de Santos.

Palavras-chaves: *Comitê Pró-paz*
Eurico Gaspar Dutra
Rio de Janeiro (RJ)

Prontuário: **87855** **Durval Ramos de Azevedo**
Vulgo: -
Profissão: Operário
Nacionalidade: Brasileira
Naturalidade: Distrito Federal - RJ
Datas-limite: **Inicial** 03/01/48 **Final** 05/03/48

Síntese: Durval Ramos de Azevedo esteve detido de 3 de janeiro a 5 de março de 1948 por ter resistido armado quando a polícia tentou invadir a gráfica do jornal *Hoje* para apreender o referido periódico.

Palavras-chaves: *Gráfica*
Hoje (jornal)
Santos (SP)

Prontuário: **97304** **Edgard Sampaio Fortuna**
Vulgo: -
Profissão: Jornalista e funcionário federal
Nacionalidade: Brasileira
Naturalidade: Belém - PA
Datas-limite: **Inicial** 05/10/48 **Final** 14/11/72

Síntese: Edgard Fortuna foi suspeito de exercer atividades contrárias ao regime do país. Com isso, o Guarda-mór do porto de Santos solicitou informações, já que o prontuariado era funcionário da imigração federal. A resposta do delegado foi a de que Fortuna era um membro antigo do comitê municipal do PCB de Santos, além de jornalista colaborador do jornal *Hoje*, e que tinha sido casado com uma teuto-brasileira, também suspeita de pertencer ao partido.

Palavras-chaves: *Hoje (jornal)*
Partido Comunista do Brasil
Porto de Santos (SP)
Santos (SP)

Prontuário: **37143** **Edmundo Pascoal Carlota**
Vulgo: -
Profissão: Portuário
Nacionalidade: Brasileira
Naturalidade: Santos - SP
Datas-limite: **Inicial** 01/12/44 **Final** 23/10/62

Síntese: Edmundo Pascoal Carlota, segundo o Delegado Elpídio Reali, não registrava antecedentes que desabonassem a sua conduta política e social, tendo inclusive prestado auxílio nos últimos acontecimentos da cidade. Há, no entanto, uma nota em seu prontuário de 1950, que notifica o fato de o prontuariado ter "nota" na delegacia de Santos, "e é para segurar qualquer pedido de informação sobre essa pessoa, devendo primeiramente entender-se com ele, o Dr. Elpídio, muito embora aí e ainda no cartório nada conste". Meses antes, em abril, Carlota tinha solicitado um atestado para concorrer às eleições sindicais.

Palavras-chaves: *Atestado de antecedentes político-sociais*
Eleição
Santos (SP)
Sindicato

Prontuário: **3399** **Eduardo AraripeSucpira Filho**
Vulgo: -
Profissão: -
Nacionalidade: Brasileira

Naturalidade: Santos - SP
Datas-limite: **Inicial** 18/07/35 **Final** 03/10/41
Síntese: Eduardo Araripe Sucupira foi detido em 18 de julho de 1935 por se reunir clandestinamente na redação do jornal *A Platea*, procurando "incitar o operariado à greve geral". Sucupira foi citado em um relatório de 27 de janeiro de 1936, no qual se alega que ele teria avisado Andre Borragini de que passaria um emissário da ANL pela cidade de Casa Branca para lhe entregar panfletos comunistas. Borragini foi detido e citou Sucupira, que residia em São Paulo. Um relatório policial de 22 de julho de 1936 afirmava que, com a declaração do estado de sítio, a polícia podia agir com mais rigor, rareando o "número de vermelhos nesta cidade [Santos]". No entanto, o Partido "não morreu" e, em 12 de dezembro, Francisco Canuto Lopez foi enviado a Santos para reorganizar o Partido e Eduardo Araripe Sucupira Filho foi acusado de fazer a ligação de Canuto (vulgo Moreira) com Antonio Costa. Foi ainda acusado de dar "forma literária aos boletins redigidos pelos comunistas", como também de os passar à máquina e os mimeografar. Na sua ficha de atividades político-sociais, a policia afirmava que ele era "elemento comunista de grande valia para o seu partido em vista de seu ardor como orador e agitador de massas" e que teria sido chefe da Seção de Propaganda do Diretório Estadual da ANL e orador da Frente Comum Antiintegralista. Foi condenado a um ano de reclusão. Aparentemente, foi detido em Santos em 3 de outubro de 1941. Foi anistiado do processo 341 com o decreto 7474 de 18 de abril de 1945.
Palavras-chaves: *Aliança Nacional Libertadora*
A Platéia (jornal)
Comunismo
Frente Comum Antiintegralista
Intelectual
Partido Comunista do Brasil
Santos (SP)

Prontuário: **1080** **Eduardo Basilio**
Vulgo: -
Profissão: Pintor
Nacionalidade: -
Naturalidade: -
Datas-limite: **Inicial** 21/02/36
Síntese: Eduardo Basilio foi citado em um relatório policial de 1936, no qual nove pessoas prestaram depoimento ao delegado de Santos: "unânime[s] em afirmar a nocividade de Eduardo Basilio ao Brasil, não só por ser comunista como, com muita evidência, por [ser] grande agitador da classe operária que incita a greve e subversão da ordem social". Para corroborar a visão das vítimas, segundo o policial, bastava considerar que ele, em fins de 1933, entrara para o Sindicato da Construção Civil e, em dezembro, fora logo eleito tesoureiro, o que demostra sua influência na classe, da qual seria uma espécie de oráculo.
Palavras-chaves: *Comunismo*
Santos (SP)
Sindicato da Construção Civil

Prontuário: **98833** **Empresa Expresso Brasileiro Viação**
Vulgo: -
Profissão: -
Nacionalidade: -
Naturalidade: -
Datas-limite: **Inicial** 26/02/49
Síntese: Um radiotelegrama de 26 de fevereiro de 1949 comunicava que diversos motoristas da Empresa Expresso Brasileiro Viação tentaram entrar em greve, com a polícia interferindo e restabelecendo os serviços. Foram recolhidos à prisão Antônio Sierra, Leocádio Sebastião dos Santos, Abel de Carvalho, Manoel Pires Sobrinho, José Pereira Lima, Deoclécio Freire Costa, Luiz Rapussi, Norberto Augusto Caldeira, Odair Rego Dias, Braz Rodrigues Rio e Luiz Clemente.

Palavras-chaves: *Greve*
Santos (SP)

Prontuário: **81661** **Esculápio César de Paiva**
Vulgo: -
Profissão: -
Nacionalidade: -
Naturalidade: -
Datas-limite: **Inicial** 28/03/38
Síntese: Afirma que Oscar Fontoura e Miguel Ângelo Fontes, secretários da Fazenda e do Interior do Rio Grande do Sul, compareceram a bordo do avião *Panair* no dia 26 de março de 1938 para cumprimentar o prontuariado, que manteve prolongada palestra com eles.
Palavra-chave: *Espionagem*

Prontuário: **86746** **Estocel de Morais**
Vulgo: -
Profissão: Político
Nacionalidade: -
Naturalidade: -
Datas-limite: **Inicial** 27/10/47 **Final** 17/12/75
Síntese: Estocel de Morais, deputado de Santos, fez um comício em 1947 que durou alguns minutos, em virtude de "elementos contrários darem morras aos comunistas". Os policiais constataram que um grupo de quinze a vinte jovens, embriagados e sem ocupação, queriam empastelar a sede do Partido Trabalhista Nacional. O deputado também foi citado quando a categoria dos ferroviários solicitou um aumento de trezentos cruzeiros "per capita" (s/d). A proposta da Cia era de 25% e a polícia acusava os comunistas de estarem atuando para evitar essa contraproposta fora dos sindicatos. Estocel de Morais estaria mantendo contato com elementos ferroviários e "estaria empenhado em lavrar um texto para o seu partido conseguindo um aumento salarial para os trabalhadores ou

[para] levá-los à greve". Estocel esteve em palestras na companhia de Juvenal Alves de Oliveira, conforme noticiavam as publicações do jornal *Hoje.* Em um relatório de 13 de janeiro de 1948, que destacava a importância de Lênin, citava-se a imprensa como veículo de propagação comunista. O relatório refere-se ao fato de uma edição do *Hoje* defender a "insurreição contra os órgãos da soberania nacional", pelo fato de os candidatos do PCB terem seus votos anulados, o que atentaria contra a Constituição Federal no seu artigo 141, §5º. A polícia negou a censura, já que o jornal fora apreendido na banca e na gráfica, nos dois dias em que a intervenção ocorrera. Negou também que tivesse agido de modo arbitrário, afirmando que os comunistas se negaram a abrir a gráfica e resistiram com armas. Morais era acusado de "capitanear a resistência armada, sendo seu autor intelectual". No mesmo ano, o político dava o seu apoio a Armando Mazzo, que lutava pela autonomia de São Caetano do Sul.

Palavras-chaves: *Censura*
Comunismo
Embriaguez
Ferrovia
Gráfica
Hoje (jornal)
Lênin
Partido Comunista do Brasil
Partido Trabalhista Nacional
Santos (SP)
São Caetano do Sul (SP)

Prontuário: **98789** **Eufrásio Ferreira dos Santos**
Vulgo: -
Profissão: Estivador
Nacionalidade: Brasileira
Naturalidade: Santos-SP
Datas-limite: **Inicial** 22/02/49 **Final** 23/02/49

Síntese: Eufrásio Ferreira dos Santos foi um dos seis estivadores acusados de ter instigado a paralisação dos serviços no Vapor Panamá, sob o pretexto "infundado", segundo a polícia, da falta de homens.
Palavras-chaves: *Paralisação*
Santos (SP)
Vapor Panamá

Prontuário: **82401** **Félix Ramos Rodrigues**
Vulgo: -
Profissão: Estivador
Nacionalidade: -
Naturalidade: -
Datas-limite: **Inicial** 16/06/46
Síntese: O estivador Félix Ramos Rodrigues teve seu nome incluído em uma relação, na qual era apontado como um dos comunistas de "maior evidência e periculosidade de Santos".
Palavras-chaves: *Comunismo*
Santos (SP)

Prontuário: **439** **Fernando Martins Licht**
Vulgo: -
Profissão: -
Nacionalidade: -
Naturalidade: -
Datas-limite: **Inicial** 31/01/52
Síntese: Fernando Martins Licht foi citado como uma das 26 pessoas que organizavam o Comitê Pró-paz de Santos em 1952.
Palavras-chaves: *Comitê Pró-paz*
Santos (SP)

Prontuário: **101885** **Francisco Cardoso**
Vulgo: -
Profissão: Servidor Municipal

Nacionalidade: Brasileira
Naturalidade: Santos - SP
Datas-limite: **Inicial** 01/10/44 **Final** 27/12/73
Síntese: De acordo com o relatório do investigador infiltrado nos meios trabalhistas em 1944, Francisco Cardoso foi acusado de agitar a massa operária do Sindicato dos Ensacadores contra a diretoria. Possivelmente também estaria envolvido, em 1949, em um tumulto ocorrido em Santos, que teve como resultado a morte de um policial e de um operário.
Palavras-chaves: *Santos (SP)*
Sindicato dos Ensacadores

Prontuário: **37641** **Francisco Cardoso**
Vulgo: -
Profissão: Ensacador
Nacionalidade: Brasileira
Naturalidade: Santos - SP
Datas-limite: **Inicial** 01/10/44 **Final** 27/12/73
Síntese: Francisco Cardoso foi acusado de agitar a massa operária do Sindicato dos Ensacadores contra a diretoria, de acordo com o relatório do investigador infiltrado nos meios trabalhistas em 1944. Possivelmente, também estaria envolvido, em 1949, em um tumulto em Santos, que teve como resultado a morte de um policial e de um operário.
Palavras-chaves: *Santos (SP)*
Sindicato dos Ensacadores

Prontuário: **5015** **Francisco Ignácio Bonfim**
Vulgo: -
Profissão: Estivador
Nacionalidade: -
Naturalidade: Barreiros
Datas-limite: **Inicial** 29/09/38 **Final** 02/02/39
Síntese: Francisco Ignácio Bonfim foi membro da ex-Junta Governativa do Centro dos Estivadores de Santos, teve a sua

prisão preventiva decretada por "instigar e preparar a paralisação de serviços de abastecimento da população" com base no decreto 431. Acabou sendo detido em 29 de agosto de 1938, sob o "fútil" pretexto de uma assembléia no Centro, motivo pelo qual esteve preso de 21 de setembro a 4 de outubro de 1938. O Tribunal de Segurança Nacional pediu o arquivamento do processo em 14 de novembro de 1938.

Palavras-chaves: *Centro dos Estivadores (Sindicato dos Estivadores)*
Greve
Santos (SP)
Tribunal de Segurança Nacional

Prontuário: **82438** **Francisco Rodrigues Cortez**
Vulgo: -
Profissão: Estivador
Nacionalidade: -
Naturalidade: -
Datas-limite: **Inicial** 16/06/47
Síntese: Francisco Rodrigues Cortez, considerado um dos "elementos comunistas de maior evidência e periculosidade de Santos", foi membro do Comitê Municipal do PCB.
Palavras-chaves: *Comunismo*
Santos (SP)

Prontuário: **70683** **Francisco Rodrigues Garcez**
Vulgo: -
Profissão: Estivador
Nacionalidade: Brasileira
Naturalidade: Santos - SP
Datas-limite: **Inicial** 06/07/46 **Final** 08/11/60
Síntese: Francisco Rodrigues Garcez foi processado por participar da greve contra Franco em 1946 (quando os estivadores se recusaram a trabalhar em navios espanhóis e receberam a solidariedade das demais classes portuárias), por "instigar" uma greve ao se recusar a embarcar para a agência de vapores

Johnson Lima Ltda., sob a alegação que o número de homens era insuficiente. Foi processado por confeccionar panfletos usando um mimeógrafo com a intenção, segundo o relatório, de causar "temor e desassossego na população".

Palavras-chaves: *Agência de Vapores*
Antifascismo
Comunismo
Francisco Franco
Greve
Mimeógrafo
Panfleto
Santos (SP)

Prontuário: **83331** **Francisco Simões Russo**
Vulgo: -
Profissão: -
Nacionalidade: -
Naturalidade: -
Datas-limite: **Inicial** 1935 **Final** 1937

Síntese: Francisco Simões Russo consta de uma relação de pessoas processadas por atividades comunistas e de uma relação dos inquéritos elaborados pela Delegacia Regional de Polícia de Santos, no período de 1935 a 1937.

Palavras-chaves: *Comunismo*
Santos (SP)

Prontuário: **100289** **Geraldo Silvino de Oliveira**
Vulgo: -
Profissão: -
Nacionalidade: -
Naturalidade: -
Datas-limite: **Inicial** 25/05/49 **Final** 20/08/63

Síntese: Geraldo Silvino de Oliveira teria feito parte da Comissão Juvenil Pró-paz e obrigado dois menores a distribuir o boletim "À juventude e ao povo de Santos". Ao ser preso, confiscaram-lhe o livro *Como enfrentar os problemas da revolução agrária e antiimperialista* de Luiz Carlos Prestes. Teve perpetrado em seu favor um *habeas corpus*. Seu nome aparece, também em 1953, como secretário da Federação da Juventude Brasileira.

Palavras-chaves: *Comissão Juvenil Pró-paz*
Comunismo
Federação da Juventude Brasileira
Livro
Luiz Carlos Prestes
Santos (SP)

Prontuário: **15560** **Gracita Saldanha de Miranda**
Vulgo: -
Profissão: Professora
Nacionalidade: Brasileira
Naturalidade: Santos - SP
Datas-limite: **Inicial** 16/11/32

Síntese: Gracita Saldanha de Miranda afirmou que conheceu Paulo Torres onde ela trabalhava, na Sociedade da Rádio Record ou Cruzeiro do Sul. Relatou que ele lhe pediu um emprego e ela o apresentou a Hugo Magalhães Coelho. Magalhães Coelho teria arranjado um emprego para Torres no jornal *O Dia*. Alegou também ter ficado surpresa com a prisão de Torres por nunca o ter ouvido tocar em assuntos de política interna e externa.

Palavras-chaves: *O Dia (jornal)*
Rádio Cruzeiro do Sul
Rádio Record

Prontuário: **4045** **Gusmão Soler**
Vulgo: -
Profissão: Pintor
Nacionalidade: Espanhola
Naturalidade: Valência

Datas-limite: **Inicial** 15/07/33 **Final** 12/05/49

Síntese: Gusmão Soler teria desembarcado no Brasil em 1926, proveniente da Espanha, onde, segundo ele, não tinha ideais políticos. O prontuariado dissertou na Federação Operária sobre o tema *Movimento Operário Europeu e Americano* e, segundo o reservado, "além de várias comparações que fez, Soler preferiu falar sobre os últimos acontecimentos de Cuba, tendo incitado o povo a imitar o povo daquele país, desobedecendo a tudo que se diz 'LEI'. Soler disse ainda que todos os últimos acontecimentos naquele país, nestes últimos tempos, são devidos aos anarquistas, pois são eles os encabeçadores de tudo; pediu ao operariado presente que seguisse em sua guerra, que tudo vai bem para a conquista que eles desejam fazer. Soler falou pelo espaço de duas horas. A sua oração, contudo, não saiu daí". Em um reservado de 19 de agosto de 1933, o prontuariado teria vindo da Argentina para realizar uma palestra na sede da Federação Operária. Essa palestra estaria sendo organizada pela Federação Anarquista do Brasil, já que Alfredo Chaves Alonso teria desistido da idéia. O relatório de 1936 do delegado de Santos afirma que o delegado adido à Superintendência de Ordem Política e Social, de passagem pela cidade, deteve, na praia, Gusmão Soler e Rodolpho Felippe. Ambos se declararam anarquistas. Apesar de "teoricamente serem inofensivos", atuavam através de apoio ao Comitê de Presos Sociais. "Além disso, pela palavra e pela ação, Gusmão Soler e Rodolpho Felippe vêm concorrendo para que se forme ambiente hostil ao Regime atual." Ainda segundo o delegado de Santos, os propagandistas não tiveram "maior expansão" por estarem a pouco tempo na cidade. Ainda em 1936 uma certidão transcreve um auto de exibição e apreensão na casa do prontuariado que constava vários livros em espanhol e português (Gorki, Herbet Spencer, Max Stiner). No termo de declarações de Soler, ele afirmou que "há dois anos reside em Santos (...), [que era] pintor (...) que fez parte de uma única sociedade, a Liga Operária da Construção Civil (...), que tem acompanhado com interesse o desenvolvimento do anarquismo no Brasil, que ele, declarante, faz diferença fundamental entre anarquismo e comunismo porque para ele, declarante, o comunismo é a ditadura do proletariado ao passo que, no anarquismo, há apenas a Federação dos Trabalhadores que vivem em regime de auto-disciplina, previamente combinado entre os seus componentes". Em 7 de junho de 1937, foi expulso do Brasil e, doze dias depois, foi absolvido pelo TSN.

Palavras-chaves: *Anarquismo*
Comitê de Presos Sociais
Comunismo
Expulsão
Federação dos Trabalhadores
Federação Operária
Gorki
Herbert Spencer
Liga Operária da Construção Civil
Max Stiner
Movimento operário americano
Movimento operário europeu
Palestra
Tribunal de Segurança Nacional

Prontuário: **4464** **Henrique Alonso Fernandes**
Vulgo: -
Profissão: Comerciante e cocheiro
Nacionalidade: Brasileira
Naturalidade: Rio Claro - SP
Datas-limite: **Inicial** 06/02/36 **Final** 13/04/37
Síntese: Henrique Alonso Fernandes foi indiciado no fechamento da ANL em Santos e, ao prestar declarações, afirmou ser vice presidente da Sociedade dos Condutores de Veículos de Santos, alegando não fazer parte do Comitê Antiguerreiro e Antifascista e não ser comunista, apesar de ter freqüentado reuniões da ANL e do Comitê. Foi solto em 3 de março de 1937.

Palavras-chaves: *Aliança Nacional Libertadora*
Comitê Antiguerreiro e Antifascista

Comunismo
Santos (SP)
Sociedade dos Condutores de Veículos de Santos

Prontuário: **43688** **Hermógenes Vieira de Souza**
Vulgo: -
Profissão: Estivador
Nacionalidade: -
Naturalidade: -
Datas-limite: **Inicial** 01/07/47 **Final** 20/11/40
Síntese: O prontuariado foi indiciado em inquérito instaurado pela regional de Santos relatado em 20 de novembro de 1940, acusado de burlar os dispositivos do decreto-lei n.º 869, de 18 de novembro de 1938. Em 7 de abril de 1941, apareceu com outros indiciados em crime contra a economia popular, de acordo com decreto 42 do decreto-lei n.º 1402 de 5 de julho de 1939. Os dois inquéritos eram referentes à corrupção na administração do Sindicato dos Estivadores, pois Hermógenes pertenceu à diretoria que foi destituída em virtude do ocorrido. O processo no qual foi indiciado o prontuariado no Tribunal de Segurança Nacional era o de n.° 1536, no entanto, o próprio chefe do arquivo geral não soube precisar se se referia ao primeiro ou ao segundo relatório, que tratam do mesmo caso de corrupção. O TSN arquivou o processo.
Palavras-chaves: *Corrupção*
Crime Contra Economia Popular
Santos (SP)
Centro dos Estivadores (Sindicato dos Estivadores)
Tribunal de Segurança Nacional

Prontuário: **2486** **Horácio da Cruz Tapada**
Vulgo: -
Profissão: Pedreiro
Nacionalidade: Portuguesa

Naturalidade: Espinheiro
Datas-limite: **Inicial** 10/12/32 **Final** 29/04/49
Síntese: O nome de Horácio da Cruz Tapada aparece em um relatório de 27 de agosto de 1933 sobre o movimento grevista na Cia. City. Em sua casa, teria sido realizada uma reunião com Manoel Casado Portilha, presidente do Sindicato. O prontuariado foi detido em 15 de setembro de 1933 e, em um termo de declarações de 1º de setembro de 1933, afirmou ter "idéias comunistas e isto aprendeu com a leitura do programa e estatutos da 'Comunista Internacional' que lhe foi vendido por um operário que se dizia de São Paulo, de passagem para a cidade de Santos; que juntamente a este programa o referido operário distribuiu manifestos comunistas que trazia debaixo do braço. Somente a ele, declarante, a quem entregou seis exemplares (...) [e] como comunista de idéias que é, elaborou um outro manifesto sugerindo idéias suas no mesmo, a fim de que mais tarde o mesmo pudesse ser imprimido e distribuído entre os adeptos do comunismo; que nunca fez em sua casa reuniões, e nem ingressou oficialmente no Partido Comunista e tampouco em Células; que foram apreendidos em seu poder diversos documentos comprometedores". Entre esses documentos, estava o boletim escrito por Horácio, no qual ele afirmava que a "burguesia reconhece que nós operários somos mais fortes que eles sim; somos mais fortes porque somos mais e produzimos tudo. Eles que estão vendo o dia em que o poder passa das mãos deles para as nossas e vendo eles isso tratam de ver se nos embargam nossa marcha, com as prisões, massacres e deportações de nossos companheiros para a Ilha dos Porcos"
Palavras-chaves: *Companhia City*
Comunismo
Intelectual
Partido Comunista do Brasil
Presídio da Ilha dos Porcos
Propaganda
Santos (SP)
Sindicato

Prontuário: **2094** **Ignácio Kacinskas**
Vulgo: -
Profissão: Pedreiro
Nacionalidade: Lituana
Naturalidade: Schaller
Datas-limite: **Inicial** 16/08/32 **Final** 23/10/37

Síntese: Ignácio Kacinskas e Petrocevisky, ambos lituanos, foram presos no morro do São Bento em Santos, em 16 de agosto de 1932, sendo encontrada com eles "grande cópia de material comunista", além do arquivo do Socorro Vermelho Internacional, que teria sido remetido ao DEOPS. Ambos teriam colocado duas bandeiras vermelhas soviéticas no bairro do Saboó com dizeres contrários ao movimento constitucionalista de São Paulo. A polícia relatou a existência de um cartucho de dinamite entre o material apreendido, o qual seria usado para fins terroristas. Ignácio Kacinskas voltou a ser citado em relatório de 23 de outubro de 1937, no qual se afirma que ele estaria participando de reuniões comunistas em um bar de propriedade de um lituano na capital paulista.

Palavras-chaves: *Bandeira*
Boletim
Comunismo
Revolução Constitucionalista
Santos (SP)
Socorro Vermelho Internacional
Terrorismo

Prontuário: **47463** **Inspetoria de Polícia Marítima de Santos**
Vulgo: -
Profissão: -
Nacionalidade: -
Naturalidade: -
Datas-limite: **Inicial** 24/11/51

Síntese: O prontuário contém a resenha dos fatos do mês de março de 1943: relação dos "vapores entrados", "passageiros desembarcados", "passageiros em trânsito", "vapores saídos" e "passageiros saídos" no período. Dentre as ocorrências, há uma que se refere a homens que foram recolhidos à prisão da Inspetoria em 9 de março por indisciplina na embarcação Troubadour. Em 13 de março, o Vapor suíço ST. Cergue, sob o comando de Fritz Gerber, entrou no porto, sendo que o comandante manteve contatos com o imediato Daniel Brackman, obedecendo ao sistema nazista. Brackman seria conhecido como um "fervoroso propagador do credo nazista". Jacob Hoener, pertencente à mesma tripulação, teve seus documentos retidos em virtude do navio vir de uma nação estrangeira, a Itália. A Inspetoria "consentiu no seu desembarque e permanência nesse porto, mantendo sobre ele rigorosa fiscalização". Hoener solicitou a devolução de seus documentos para trabalhar em Volta Redonda e foi informado que era necessário o envio de um ofício ao Superintendente de Segurança Política e Social. O navio nacional Bagé também deu entrada no porto com o salvamento de vinte e seis náufragos norte-americanos que permaneceram 42 dias na baleeira. Em 27 de março, a Inspetoria apreendeu dois tambores de óleo combustível e deteve vários indivíduos envolvidos na transação. Há ofícios remetidos pelo diretor chefe da Marítima, em 1948 e 1951, agradecendo a comunicação dos delegados que haviam tomado posse e anunciando a disposição em colaborar. O delegado de Santos remeteu um relatório, em 1943, solicitando apoio para dotar a deficiente polícia Marítima de uma melhor infra-estrutura.

Palavras-chaves: *Bagé (navio)*
Naufrágio
Nazismo
Porto de Santos
Santos (SP)
Tripulação
Vapor ST. Cergue
Volta Redonda (RJ)

Prontuário: **107675** **Inspetoria da Alfândega de Santos**
Vulgo: -
Profissão: -
Nacionalidade: -
Naturalidade: -
Datas-limite: **Inicial** 20/02/51
Síntese: A Inspetoria da Alfândega de Santos acusa o recebimento do ofício do delegado da 5º divisão policial, em que ele comunicava que tinha assumido o cargo.
Palavras-chaves: *Inspetoria da Alfândega de Santos*
Posse
Santos (SP)

Prontuário: **9294** **Instituto de Aposentadorias e Pensões da Estiva**
Vulgo: -
Profissão: -
Nacionalidade: -
Naturalidade: -
Datas-limite: **Inicial** 02/10/30
Síntese: Informa sobre a inauguração da nova sede da Instituição, na qual Joaquim Moreira ressaltou ser o IAPE a "primeira organização previdencial social do país". Estavam presentes, dentre outros, Antônio Ferreira Filho, presidente do Instituto, e Arnaldo Mendes Pereira, diretor de departamento. O primeiro teve o seu retrato exposto. Segundo a polícia, correu "tudo na maior cordialidade".
Palavras-chaves: *Estiva*
Instituto de Aposentadoria de Pensões da Estiva
Previdência Social
Santos (SP)

Prontuário: **9230** **Instituto dos Empregados em Transportes e Cargas**

Vulgo: -
Profissão: -
Nacionalidade: -
Naturalidade: -
Datas-limite: **Inicial** 13/09/39

Síntese: Um boletim de informação de 13 de setembro de 1939 afirmava que o Instituto criou diversas comissões para a realização do censo, com o objetivo de saber quantos trabalhadores em transporte de carga havia em Santos, número que deduziam estar por volta de 10 mil. Depois de cadastrado, o empregado ganhava uma carteira de previdência social onde poderia gozar das vantagens que o Instituto oferecia.

Palavras-chaves: *Censo*
Previdência Social
Santos (SP)

Prontuário: **2847** **Isaac Roitman**
Vulgo: -
Profissão: Comerciante e jornalista
Nacionalidade: Brasileira
Naturalidade: Santos - SP
Datas-limite: **Inicial** 03/03/33 **Final** 24/12/36

Síntese: Há uma nota sobre o prontuariado, em 1933, afirmando que, depois da perseguição aos judeus na Alemanha, a comunidade judaica de São Paulo teria ficado contra o nacionalismo e a favor do comunismo. Isaac seria jornalista da Gazeta Israelita e queria organizar o Partido Cosmopolita entre os israelitas de São Paulo. Também foi considerado um dos agitadores das greves ocorridas em 1935 em Santos, quando os operários da Construção Civil entraram em greve e começaram um movimento por melhores salários, arrastando os moinhos Santista e Paulista. O prontuariado, em um termo de declaração de 1936, afirmou lembrar-se de ter sido preso em 1931, em uma reunião sobre a Federação Sindical Regional e sobre o Congresso Sindical, junto com seu irmão Adolfo. Afirmou também que, no dia 11 de fevereiro, foi a São Paulo tratar de sua saúde, acabando por encontrar por acaso um conhecido chamado Rodrigues, que conheceu na ANL, e que o acusava de ter lhe entregado um papel, fato que Roitman negou. O prontuariado alegou que correu porque teve medo da polícia o ter chamado pelo nome. Afirmou ser antiintegralista, pois "estudou e analisou o integralismo, motivo porque é contra o mesmo, e não pode afirmar se é anticomunista, porque não estudou e não analisou a questão comunista". O referido bilhete, que causou a sua prisão continha a seguinte inscrição: "Amigo Joaquim. Em vista não termos carimbo para fazer credencial o cam. [camarada] Chico deve ser ligado por intermédio deste bilhete. 10/2/36. Paulo". Roitman foi ainda acusado de, em Santos, fazer propaganda da Juventude Comunista. Ficou preso de 11 a 24 de fevereiro de 1936. Não há nenhuma referência ao fato de ser irmão do líder sindical santista Leonardo Roitman.

Palavras-chaves: *Aliança Nacional Libertadora*
Antiintegralismo
Anti-semitismo
Comunismo
Construção Civil
Congresso Sindical
Federação Sindical Regional
Gazeta Israelita (jornal)
Integralismo
Judeu
Juventude Comunista
Moinho Paulista
Moinho Santista
Nacionalismo
Partido Cosmopolita
Santos (SP)
São Paulo (SP)

Prontuário: **4356** **João Alves dos Santos**
Vulgo: Joãozinho
Profissão: Marítimo
Nacionalidade: Brasileira
Naturalidade: Recife - PE
Datas-limite: **Inicial** 06/07/36 **Final** 22/11/45
Síntese: João Alves dos Santos teve seu nome registrado em um relatório sobre atividades comunistas. Apesar de negar, pertenceu à ANL. Esteve preso de 7 de julho de 1936 a 10 de julho de 1937 e, em 13 de setembro de 1938, foi condenado a um ano de reclusão, segundo a folha de anotações e antecedentes.
Palavras-chaves: *Aliança Nacional Libertadora*
Comunismo
Santos (SP)

Prontuário: **2098** **João Antônio de Barros Valente**
Vulgo: -
Profissão: Alfaiate
Nacionalidade: Brasileira
Naturalidade: Santos - SP
Datas-limite: **Inicial** 02/07/32 **Final** 07/02/34
Síntese: João Antônio de Barros Valente foi detido em Santos em 2 de julho de 1932 por ser membro em evidência do Partido Comunista e da Juventude Comunista. O prontuariado não negou tais acusações e ainda afirmou que o Partido em Santos era ainda muito desorganizado e que ele recebia material de propaganda pelo correio e pessoalmente. Valente, que era secretário da Juventude, afirmou ainda que o número de comunistas em Santos girava em torno de 60. Segundo a polícia, Valente era especialista na distribuição de boletins e participou de todas as greves na cidade. Foi libertado em 7 de fevereiro de 1934 por interferência de Pedro dos Santos, funcionário da Fábrica de Louça Matarazzo, depois de passar pelo presídio da Ilha dos Porcos.

Palavras-chaves: *Comunismo*
Fábrica de Louça Matarazzo
Greve
Juventude Comunista
Partido Comunista do Brasil
Presídio da Ilha dos Porcos
Propaganda
Santos (SP)

Prontuário: **4435** **João Baptista de Moraes**
Vulgo: -
Profissão: Empregado da Cia. Docas
Nacionalidade: Brasileira
Naturalidade: Serra Redonda - PB
Datas-limite: **Inicial** 03/12/37 **Final** 17/05/44
Síntese: João Baptista de Moraes foi indiciado no fechamento da ANL em Santos, motivo pelo qual esteve preso de 3 de dezembro de 1937 a 14 de novembro de 1937. Foi excluído da denúncia em 6 de maio de 1938. O prontuariado solicitou um atestado de antecedentes político-sociais em 1944.
Palavras-chaves: *Aliança Nacional Libertadora*
Atestado de antecedentes político-sociais
Delação
Santos (SP)

Prontuário: **5022** **João Bezerra Verçosa**
Vulgo: -
Profissão: Estivador
Nacionalidade: Brasileira
Naturalidade: Pernambuco
Datas-limite: **Inicial** 02/09/38 **Final** 23/01/38
Síntese: João Bezerra Verçosa, membro da ex-Junta Governativa do Centro dos Estivadores de Santos, foi acusado de instigar a paralisação no porto de Santos em 19 de agosto de 1938 sob o "fútil" pretexto de uma assembléia no Cen-

tro. O processo foi arquivado em 14 de novembro de 1938.
Palavras-chaves: *Centro dos Estivadores (Sindicato dos Estivadores)*
Greve
Porto de Santos
Santos (SP)

Prontuário: **222** **João Freire de Oliveira**
Vulgo: -
Profissão: Garçom
Nacionalidade: Brasileira
Naturalidade: Santos - SP
Datas-limite: **Inicial** 20/05/22 **Final** 05/08/53
Síntese: João Freire de Oliveira foi "convidado" a ir ao Gabinete de Investigações por ser um dos dirigentes da Internacional, em 20 de maio de 1922. Em um comunicado de 17 de novembro de 1925, Orestes Lascala, Inspetor de Investigação afirmava a Andrelino Assis, Delegado de Ordem Política e Social, que "encontrando-me hoje com vários militantes, tive ocasião de palestrar sobre a influência que o comunista João Freire de Oliveira tem entre os operários e da possível eleição deste para vereador à Câmara Municipal de Santos. Disseram-me, então, os militantes, que este fato em nada causara admiração, pois a atitude dos operários de Santos muito em breve será imitada pelos operários de São Paulo. Conta-se, pois, como certa a eleição de João Freire de Oliveira para o cargo. Outrossim, informo (...) que protestou solidariedade ao Partido da Mocidade, fundado nesta capital, em carta que ele à imprensa dirigiu, o perigoso anarquista Perdigão, há tempos deportado do Brasil para onde conseguiu regressar (...). Atualmente Perdigão reside em Santos". Em um relatório de João Guerra a Laudelino de Abreu, aquele afirma que "forte também é o Centro de Santos [que] procura organizar os Marítimos a exemplo do que tem feito no Rio de Janeiro e para Santos dirigem[-se] os militantes de São Paulo e mesmo obedecendo ao Centro de Santos visto em São Paulo não formar [Centro] mas sim célula do PC, ação do Bloco Operários já não é mascarada como o

era antigamente mas obedece diretamente ao partido comunista..." Segundo a folha de anotações e antecedentes, o prontuariado foi "preso incomunicável" em 26 de janeiro de 1931 por participar da "Passeata da Fome"; em 2 de fevereiro de 1931, foi apresentado ao Delegado de Ordem Política e Social, não constando a data de sua libertação. Um boletim de informações sobre o prontuariado de 21 de outubro de 1932 relatava que, quando organizou a "Passeata da fome", teria recomendado "aos operários comparecerem armados e prontos para reagir logo que se fizesse sentir a intervenção policial. Naquele dia resistiu à prisão, tendo sido apreendida, em sua residência, grande quantidade de boletins sediciosos, panfletos, jornais e livros doutrinários". Afirmava ainda que o prontuariado foi novamente detido em 23 de maio de 1931 por ser um dos diretores da Editorial Merenglen, impressora de obras comunistas. Teria feito parte de um movimento que "estouraria" no mesmo período da tomada da delegacia de polícia, da Cadeia Pública, do assalto aos estabelecimentos bancários e da "implementação do terror entre a população". Estaria, em 21 de outubro de 1932, em ação dissolvente na Liga da Construção Civil de Santos. Um ofício de 7 de julho de 1932 apresentava o prontuariado preso com Constantino Rodrigues e Antônio Brites, afirmando que "sob a capa do trabalho, sob a aparência pacata que falsamente demonstram, esses elementos perniciosos aproveitam o campo facilmente impressionável das classes rudes para disseminação de seus ideais". O prontuariado foi depois encaminhado ao Rio de janeiro. Redigiu uma carta que entregou aos inspetores que o escoltavam para que chegasse ao destino em 22 de setembro de 1932. Tal carta era dirigida à "adorada Alzira" e nela Oliveira afirmava que Carlos deveria "mexer" em São Paulo para colocá-lo em liberdade, podendo até falar com Di Cavalcanti. "Não sei se me soltam, nem o que querem fazer de mim. Você e o Carlos devem ir aos jornais, e relatar essas perseguições. E preciso agir com urgência. Eu não posso mais suportar esta situação. Se até quarta feira não me soltarem, eu me suicido." Não consta a data de sua libertação, porém, em 5 de agosto de 1953, solicitou um atestado de antecedentes para viajar.

Palavras-chaves: *Anarquismo*
Boletim
Comunismo
Di Cavalcanti
Editorial Merenglen
Eleição
Palestra
Partido da Mocidade
Passeata da Fome
Político
Liga da Construção Civil de Santos
Livro
Panfleto
Santos (SP)

Prontuário: **2565** **João Firminiano Ferreira**
Vulgo: -
Profissão: Portuário
Nacionalidade: Brasileira
Naturalidade: São Paulo - SP
Datas-limite: **Inicial** 24/04/36 **Final** 03/03/37
Síntese: O portuário João Firminiano Ferreira foi indiciado no fechamento da ANL, onde foi secretário de propaganda do núcleo na União Beneficente dos Empregados da Cia. Docas. Negou, no entanto, ser comunista. Esteve preso de 28 de novembro de 1935 a 3 de março de 1937, segundo a folha de anotações e antecedentes.
Palavras-chaves: *Aliança Nacional Libertadora*
Comunismo
Santos (SP)
União Beneficente dos Empregados da Companhia Docas

Prontuário: **69256** **João Maria da Cruz**
Vulgo: -
Profissão: Comerciante
Nacionalidade: Brasileira
Naturalidade: Santos - SP
Datas-limite: **Inicial** 04/05/35 **Final** 14/08/38
Síntese: João Maria da Cruz, membro da Sociedade dos Trabalhadores em Café de Santos, enviou um oficio ao Presidente da República e ao Ministro do Trabalho negando-se a nomear um representante para o Congresso Internacional do Trabalho (Genebra), porque a sua classe não teria recebido nenhum benefício dos Poderes Públicos. Cruz foi libertado em 14 de agosto de 1938, não constando a data de sua detenção.
Palavras-chaves: *Congresso Internacional do Trabalho (Genebra)*
Ministério do Trabalho
Presidente da República
Santos (SP)
Sociedade dos Trabalhadores em Café de Santos

Prontuário: **6816** **João Taibo Cadorniga**
Vulgo: -
Profissão: Professor
Nacionalidade: Brasileira
Naturalidade: Santos - SP
Datas-limite: **Inicial** 04/12/42 **Final** 15/12/76
Síntese: João Taibo Cadorniga, professor e deputado estadual cassado, assinou uma carta enviada ao presidente da República, na qual afirmava estarem os trabalhadores de Santos morrendo de inanição. O inquérito sobre o ocorrido foi enviado ao TSN (nº 5100) e arquivado em outubro de 1944. Cadorniga esteve detido de 12 de maio a 2 de setembro de 1946 como "agitador de greve" (provavelmente a greve contra Franco), já que seu nome consta em um *habeas corpus* para os detidos na greve. No dia 24 de novembro de 1947, o prontuariado e Armando Mazzo foram acusados de tentar levar a cabo um comício já proibido e, no choque com a polícia, alguns comunis-

tas teriam sido feridos. Em fevereiro de 1948, foram encontrados 1106 livros e panfletos que, segundo a polícia, "estavam à disposição dos que deveriam ser politizados e instruídos pelo professor Cadorniga" em um escritório em São Paulo. Provavelmente esse fato ocorreu no dia 2 de fevereiro, tendo em vista que ele foi detido nesse mesmo dia. Esteve detido novamente em 31 de março de 1948 por "subversão da ordem pública" e por ter assinado um manifesto publicado no *Popular* e que teria sido anexado ao prontuário de Milton Cayres de Brito, sendo contra a intervenção em São Paulo. Segundo a polícia, estaria, em outubro de 1948, articulando um movimento pela autonomia de São Caetano do Sul. Esteve detido de 1° a 19 de fevereiro de 1949 e novamente de 16 a 17 de julho de 1950 por distribuir panfletos comunistas. Foi absolvido pelo promotor público que afirmou que ser comunista "evidentemente" não é crime. Há também um relatório datado de 22 de outubro de 1951 sobre atividades comunistas durante a campanha eleitoral, na qual o prontuariado teria interesse na eleição de Wilson Santos Ferreira e de Benedito Tereja. Um relatório citou-o como membro do Comitê Pró-paz em 1952.Voltou a ser detido em 22 de outubro 1965.

Palavras-chaves: *Comício*
Comitê Pró-paz
Comunismo
Eleição
Greve
Livro
Panfleto
Popular (jornal)
Presidente da República
Santos (SP)
São Caetano do Sul (SP)
Tribunal de Segurança Nacional

Prontuário: **41561** **Joaquim Fernandes Dantas**
Vulgo: -
Profissão: Estivador
Nacionalidade: Portuguesa
Naturalidade: Ilha da Madeira
Datas-limite: **Inicial** 12/05/46 **Final** 26/07/46
Síntese: Joaquim Fernandes Dantas esteve preso de 12 de maio a 13 de junho de 1946, provavelmente em decorrência da greve contra Franco, quando os estivadores se recusaram a trabalhar em navios espanhóis e receberam a solidariedade das demais classes portuárias. Há um *habeas corpus* solicitando sua libertação, por ter sido preso na referida greve. No entanto, não consta a sentença do caso, o que leva a crer que não foi indiciado.
Palavras-chaves: *Antifascismo*
Francisco Franco
Greve
Santos (SP)

Prontuário: **4333** **Joaquim Ferreira Pinto**
Vulgo: -
Profissão: Estivador
Nacionalidade: -
Naturalidade: -
Datas-limite: **Inicial** 24/01/36
Síntese: João Ferreira Pinto foi indiciado por ser um dos 15 fundadores do núcleo da ANL no Centro dos Estivadores de Santos, considerado o único sindicato em que se organizou "uma atividade coletiva e coordenada de caráter subversivo".
Palavras-chaves: *Aliança Nacional Libertadora*
Centro dos Estivadores (Sindicato dos Estivadores)
Comunismo
Santos (SP)

Prontuário: **1569** **José Batista da Silva**
Vulgo: -
Profissão: Estivador
Nacionalidade: Brasileira
Naturalidade: São José de Alagoas-MG
Datas-limite: **Inicial** 06/04/32
Síntese: José Batista da Silva foi detido em 2 de abril de 1932 para averiguações sobre atividades comunistas, não registrando antecedentes.
Palavras-chaves: *Comunismo*
Santos (SP)

Prontuário: **937** **José Bezerra Cavalcante Albuquerque**
Vulgo: -
Profissão: Estivador
Nacionalidade: Brasileira
Naturalidade: Pernambuco
Datas-limite: **Inicial** 11/10/24 **Final** 14/09/48
Síntese: José Bezerra Cavalcante Albuquerque, residente em Santos, foi preso em 21 de agosto de 1932, quando entregava boletins comunistas pelas ruas de Santos. O boletim trazia informações dos Comitês da Zona de Santos, do Partido Comunista e da Juventude Comunista do Brasil. Convocava para o protesto de 23 de agosto contra o governo de Getúlio Vargas. Apresentava várias reivindicações. José Bezerra, vulgo "peixe", fazia parte da célula comunista "Braz Arruda". Foi novamente preso em 12 de maio de 1946, sendo solto por um *habeas corpus* em 14 de setembro de 1948.
Palavras-chaves: *Boletim*
Comunismo
Getúlio Vargas
Juventude Comunista
Partido Comunista do Brasil
Santos (SP)

Prontuário: **101956** **José de Abreu**
Vulgo: -
Profissão: Carregador
Nacionalidade: Brasileira
Naturalidade: Santos - SP
Datas-limite: **Inicial** 24/03/49 **Final** 01/12/49
Síntese: José de Abreu foi preso em 1930 por embriaguez e, em 1936, foi enquadrado no artigo 303, preso e processado por desordem e agressão, sendo julgado e absolvido em 12 de junho de 1937. Solicitou, em 24 de março de 1949, um atestado de antecedentes político-sociais. O serviço de identificação afirmou que o prontuariado não registrava antecedentes.
Palavras-chaves: *Agressão*
Atestado de antecedentes político-sociais
Embriaguez
Santos (SP)

Prontuário: **2806** **José de Lima Campos Filho**
Vulgo: -
Profissão: Estivador
Nacionalidade: Brasileira
Naturalidade: Vila Bela-PE
Datas-limite: **Inicial** 02/08/37 **Final** 02/11/47
Síntese: José de Lima Campos Filho, um dos fundadores do Partido Nacional Trabalhista com sede em Santos e que tinha como algumas de suas propostas o "cumprimento integral da constituição federal de 16 de junho de 1934, a luta pela democracia, contra os extremismos". Esteve preso de 4 de setembro de 1936 a 8 de janeiro de 1937 e de 14 a 16 de maio de 1946. Esta última passagem se justifica pelo oficio n.º 1127 de Santos que, possivelmente, se referia à greve contra Franco, quando os estivadores se recusaram a trabalhar em navios espanhóis e receberam a solidariedade das demais classes portuárias. Em 1947, estaria, com outras pessoas, promovendo agitações e movimentos subversivos entre os funcionários da Cia. Docas.

Palavras-chaves: *Antifascismo*
Francisco Franco
Greve
Partido Nacional Trabalhista
Santos (SP)

Prontuário: **18825** **José Ferreira**
Vulgo: -
Profissão: Ambulante
Nacionalidade: Portuguesa
Naturalidade: -
Datas-limite: **Inicial** 04/02/44 **Final** 05/04/44
Síntese: José Ferreira, residente em Santos, português, teve sua ficha levantada na polícia para a expedição de atestado de antecedentes. Por falta de dados qualificativos, gerou-se dúvida se o mesmo tinha antecedentes comunistas ou se tinha pertencido ao Dopolavoro. O delegado de Santos afirmou, no entanto, que Ferreira não registrava antecedentes que desabonassem sua conduta político-social, tendo sido identificado em 1919 como ambulante, em 1939, para fazer registro e, em 1943, para obter folha corrida.
Palavras-chaves: *Comunismo*
Dopolavoro
Fascismo
Santos (SP)

Prontuário: **32906** **José Ferreira de Souza**
Vulgo: -
Profissão: Motorista marítimo
Nacionalidade: Brasileira
Naturalidade: Santos - SP
Datas-limite: **Inicial** 14/09/44 **Final** 19/10/48.
Síntese: José Ferreira de Souza, foi acusado por Manoel Gomes Estriga, gerente da Empresa Navegação Itanhaense, de sabotagem, por jogar areia em um dos tanques de óleo de uma

lancha da firma quando ali trabalhava. O prontuariado, após demitir-se, não recebeu o referido salário. Ambos queixaram-se à Capitania dos Portos, que encaminhou o caso à delegacia de Santos, que, por sua vez, o remeteu ao Tribunal de Segurança Nacional, onde, por fim, o processo (n.º 6691) foi arquivado em 1945. O prontuariado solicitou, em 1948, um atestado para ingressar na Polícia Marítima de Santos.

Palavras-chaves: *Capitania dos Portos*
Empresa Navegação Itanhaense
Polícia Marítima
Porto de Santos
Sabotagem
Santos (SP)
Tribunal de Segurança Nacional

Prontuário: **68110** **José Gonzales Vila Verde**
Vulgo: Garfo
Profissão: Estivador
Nacionalidade: Espanhola
Naturalidade: La Coruña
Datas-limite: **Inicial** 21/05/46 **Final** 16/06/47

Síntese: José Gonzales Vila Verde, um dos "elementos comunistas de maior evidência e periculosidade" da cidade, foi identificado em Santos em 20 de maio de 1937 por furto e também por tentativa de homicídio, constando em um relatório de 10 de junho de 1943, com Joaquim Serrano Peres figurando como vítima. O prontuariado foi detido em 21 de maio de 1946, possivelmente em conseqüência da greve contra Franco, não havendo, no entanto, nenhuma referência ao ocorrido.

Palavras-chaves: *Antifascismo*
Comunismo
Francisco Franco
Furto
Greve
Homicídio
Santos (SP)

Prontuário: **3061** **José Joaquim Santana**
Vulgo: Maceió Coceira
Profissão: Estivador
Nacionalidade: Brasileira
Naturalidade: Jequiá da Praia - AL
Datas-limite: **Inicial** 28/01/31 **Final** 17/06/47
Síntese: José Joaquim Santana, presidente do Sindicato dos Estivadores de 27 de outubro de 1931 a 27 de outubro de 1933, teve apreendido em sua casa material subversivo, depois de denúncia anônima. Em 28 de janeiro de 1931, foi instaurado o inquérito. Concluiu-se que Santana tinha ligações com o movimento comunista e com pessoas ligadas a ele, entre as quais, Miguel Costa. Foi preso de 3 de setembro de 1936 a 24 de fevereiro de 1937, na delegacia em Santos, em São Paulo e no presídio Belém. Seu nome consta como foragido em um oficio de 6 de julho de 1946, por crimes contra a "Segurança Nacional".
Palavras-chaves: *Comunismo*
Delação
Miguel Costa
Presídio Belém
Santos (SP)
Centro dos Estivadores (Sindicato dos Estivadores)

Prontuário: **6819** **José Maria**
Vulgo: -
Profissão: Doqueiro
Nacionalidade: Brasileira
Naturalidade: Santos - SP
Datas-limite: **Inicial** 14/05/46 **Final** 26/07/46
Síntese: José Maria foi preso em Santos, em 12 de maio de 1946, por ser um "agitador de greve", na greve contra Franco, quando os estivadores se recusaram a trabalhar em navios espanhóis e receberam a solidariedade das demais classes portuárias.
Palavras-chaves: *Antifascismo*
Casa de Detenção

Comunismo
Francisco Franco
Greve
Santos (SP)

Prontuário: **3792** **José Moran Menendez**
Vulgo: -
Profissão: Pedreiro
Nacionalidade: Espanhola
Naturalidade: Astúrias
Datas-limite: **Inicial** 06/02/36 **Final** 13/04/37
Síntese: José Moran foi indiciado no fechamento da ANL em Santos e, ao prestar declarações, afirmou ser vice-presidente da Sociedade União dos Trabalhadores, fazendo parte do Comitê Antiguerreiro e Antifascista e da ANL. Afirmou não ser nem comunista nem extremista, tendo votado no Partido Radical Socialista na Espanha. Foi solto em 3 de março de 1937.
Palavras-chaves: *Aliança Nacional Libertadora*
Comitê Antiguerreiro e Antifascista
Partido Radical Socialista (Espanha)
Santos (SP)
Sociedade União dos Trabalhadores

Prontuário: **67895** **José Reinaldo Cimei**
Vulgo: -
Profissão: Operário
Nacionalidade: Brasileira
Naturalidade: São José de Bella Vista - SP
Datas-limite: **Inicial** 14/05/46 **Final** 20/12/47
Síntese: José Reinaldo Cimei participou da greve contra Franco de 16 a 19 de abril de 1946, quando os estivadores se recusaram a trabalhar em navios espanhóis e receberam a solidariedade das demais classes portuárias, tendo sido condenado a um ano de prisão. Em 16 de junho de 1947, seu nome aparece como "um dos elementos comunistas de maior evidência e

periculosidade de Santos". Estaria articulando, em 2 de novembro de 1947, uma agitação a fim de atiçar os empregados da Cia. Docas. Esteve preso entre 14 e 16 de maio e entre 20 de maio e 24 de agosto de 1946.

Palavras-chaves: *Antifascismo*
Comunismo
Francisco Franco
Greve
Santos (SP)

Prontuário: **71229** **José Rodrigues de Barros**
Vulgo: -
Profissão: Funcionário da Prefeitura de Santos
Nacionalidade: -
Naturalidade: -
Datas-limite: **Inicial** 27/05/46 **Final** 11/07/46

Síntese: O prontuariado consta de uma relação de comunistas da prefeitura de Santos, provavelmente de 1946, já que o prontuário foi aberto nesse ano. Há também um oficio dando conta de uma carta, cujo assunto dizia respeito a "atividades comunistas em Santos" e cujo interessado era Adolfo Rodrigues. Dois meses após esse oficio, há um outro do delegado de Santos, em que ele afirmava que, "sobre os fatos articulados na denúncia de contra excesso de propaganda comunista e [sobre] o ambiente de insegurança existente há meses atrás nesta cidade", já havia sido feito um inquérito e que, "quanto ao queixoso, não pesa contra o mesmo presentemente qualquer ameaça". O que faz supor que Adolfo Rodrigues teria escrito uma carta sobre atividades comunistas, incluindo a relação em que constava o nome do prontuariado, e que estaria sendo ameaçado.

Palavras-chaves: *Comunismo*
Delação
Santos (SP)

Prontuário: **100341** **José Vaz de Oliveira**
Vulgo: -
Profissão: Estivador
Nacionalidade: Brasileira
Naturalidade: Santos - SP
Datas-limite: **Inicial** 24/06/49 **Final** 05/07/49
Síntese: Foi solicitada pela 1ª Seção de Diretoria de Sindicalização uma informação se o prontuariado professava "ideologias incompatíveis com as instituições ou [com] os interesses da Nação". A resposta foi "não há nada que desabone a conduta político e social do prontuariado".
Palavras-chaves: *Atestado de antecedentes político-sociais*
Santos (SP)

Prontuário: **3828** **Júlia Garcia y Garcia**
Vulgo: -
Profissão: -
Nacionalidade: -
Naturalidade: -
Datas-limite: **Inicial** 01/04/36 **Final** 13/03/47
Síntese: Júlia Garcia y Garcia teve sua casa revistada, provavelmente em 20 de maio de 1936, onde foi apreendido um livro escrito sobre o povo russo, "vasado [sic] em idéias, nitidamente, marxistas". A busca ocorreu porque o Delegado de Ordem Social apresentou ao delegado de Santos uma carta (censurada) e recortes de jornais (três recortes do Jornal *Mundo Obrero*, órgão central do Partido Comunista, sendo um deles datado de 26 de março de 1936) vindos da Espanha para Júlia, provenientes de seu irmão Victor Garcia, que havia sido expulso do país. A polícia afirmava que ela "embora, nesta cidade, não se atirasse à luta de classe de modo ostensivo (...) vem se entregando a funções de intermediária entre comunistas deste Estado e de residentes na Hespanha [sic]". Apesar de um advogado tentar a revogação da portaria de expulsão, Júlia Garcia y Garcia embarcou no dia 5 de junho de 1937 com destino a Marselha.

Palavras-chaves: *Comunismo*
Espanha
Expulsão
Livro
Mundo Obrero (jornal)
Santos (SP)

Prontuário: **2681** **Júlio Alves de Souza**
Vulgo: -
Profissão: Empregado da Cia. Docas
Nacionalidade: -
Naturalidade: -
Datas-limite: **Inicial** 06/07/36 **Final** 09/06/39
Síntese: Júlio Alves de Souza foi indiciado no fechamento do ANL em Santos e classificado como elemento comunista ligado ao Sindicato dos Estivadores e foi absolvido em 6 de maio de 1938.
Palavras-chaves: *Comunismo*
Santos (SP)
Centro dos Estivadores (Sindicato dos Estivadores)

Prontuário: **2171** **Júlio Pereira**
Vulgo: Pintor ou Pintorzinho
Profissão: Pintor
Nacionalidade: Brasileira
Naturalidade: Vitória - ES
Datas-limite: **Inicial** 02/07/32 **Final** 21/07/36
Síntese: Júlio Pereira foi citado, em nota (s/d), como responsável pela ligação entre as células comunistas de Santos e o Comitê Regional de São Paulo. Foi preso em Santos antes da Intentona Comunista, mas fugiu da penitenciária. O prontuariado, em um termo de declarações de 2 de julho de 1932, afirmou que veio a Santos em busca de emprego, o que não havia conseguido até que membros da União Beneficente dos Trabalhadores da Construção Civil lhe prometeram uma

colocação, caso entrasse para o Sindicato. O declarante afirmou não saber se os mesmos eram comunistas. O prontuariado foi convidado a prestar declarações por ser suspeito de ter relação com material subversivo apreendido em uma habitação coletiva. Uma carta de delação de Catanduva de 1936 afirmava que o prontuariado era representante do *Jornal do Povo* e era comunista. O remetente era "um viajante ambulante que anda mascateando (...), um patriota".

Palavras-chaves: *Comunismo*
Delação
Jornal do Povo (jornal)
Partido Comunista do Brasil
Santos (SP)
União Beneficente dos Trabalhadores da Construção Civil

Prontuário: **102897** **Jurandir de Abreu**
Vulgo: Homem do saco
Profissão: Estivador
Nacionalidade: Brasileira
Naturalidade: Santos-SP
Datas-limite: **Inicial** 10/12/49 **Final** 06/11/60
Síntese: Jurandir de Abreu participou da diretoria da ABECDS, que acabou destituída com sete acusações contra os membros da diretoria, que estariam desvirtuando a finalidade assistencial daquela entidade em proveito da propagação do comunismo em Santos. Foi também acusado de ser mentor intelectual de panfletos contra o presidente Dutra, sendo absolvido. Esteve preso de 5 a 8 de janeiro de 1951 por "agitação comunista (proveniente de Santos)".

Palavras-chaves: *Associação Beneficente dos Empregados da Cia. Docas*
Comunismo
Eurico Gaspar Dutra
Panfleto
Santos (SP)

Prontuário: **66898** **Leocácio Manoel de Jesus**
Vulgo: -
Profissão: Empregado da Companhia de Melhoramentos da cidade de Santos
Nacionalidade: -
Naturalidade: -
Datas-limite: **Inicial** 09/09/46
Síntese: Leocádio Manoel de Jesus denunciou Armando Salles como partidário dos patrões, afirmando que não merece o voto da classe dos que se "matam no trabalho", em um jornal chamado *Bahia*.
Palavras-chaves: *Armando Salles*
Bahia (jornal)
Companhia de Melhoramentos da Cidade de Santos
Santos (SP)

Prontuário: **69372** **Leonardo Roitman**
Vulgo: -
Profissão: Portuário
Nacionalidade: Brasileira
Naturalidade: Santos
Datas-limite: **Inicial** 18/06/46 **Final** 18/08/51
Síntese: Leonardo Roitman foi posto à disposição da 5° Delegacia, sendo o motivo da sua prisão a greve contra Franco, quando os estivadores se recusaram a trabalhar em navios espanhóis e receberam a solidariedade das demais classes portuárias. Ficou preso de 18 de junho a 3 de setembro de 1946. Foi considerado um dos líderes da referida greve, sendo chamado de "explorador contumaz do operariado santista" e partidário "rubro de Stalin". Em 1947, teve seu nome incluído em uma lista de elementos que estariam articulados para promover agitações entre os empregados da Companhia Docas, sendo Roitman um dos "cabeças do movimento". Em 20 de dezembro de 1947, foi condenado a um ano de prisão por participar da greve contra Franco, sendo anistiado em 18 de agosto de 1951. Teria influência na Associação Beneficente da Com-

panhia Docas de Santos, apontada pela polícia política como propagadora do comunismo em Santos. Foi considerado um "conhecido agitador comunista" e "um dos elementos comunistas de maior evidência e periculosidade de Santos".

Palavras-chaves: *Antifascismo*
Associação Beneficente dos Empregados da Cia. Docas
Comunismo
Francisco Franco
Greve
Santos (SP)
Stalin

Prontuário: **2134** **Leôncio Martinez (ou Martins)**
Vulgo: -
Profissão: Pedreiro
Nacionalidade: Espanhola
Naturalidade: Pontevedra
Datas-limite: **Inicial** 18/02/31 **Final** 08/05/36
Síntese: Leôncio Martinez ou Martins foi preso em 18 de fevereiro de 1931 por desacato à autoridade. Em 22 de agosto de 1932, voltou a ser detido em companhia de Vicente Vaz Rodrigues e Sebastião Francisco na cidade de Santos por ter "desenvolvido serviço de espionagem favorável aos adeptos do comunismo". O ofício de 22 de agosto de 1932 do delegado Regional de Santos ao Delegado de DEOPS afirmava que "sua [a do prontuariado] atitude o torna um elemento prejudicial ao trabalho desta Regional para a repressão aos elementos dissolventes, julgo de grande necessidade o afastamento de tal indivíduo onde, pela sua ação, se torna prejudicial à tranqüilidade nos meios operários". O mesmo documento afirmava estar remetendo o passaporte do indivíduo bem como dois volumes intitulados *Ao fragor das derrocadas* e *Memórias de um exilado*, além de uma carteira de serviço. O único documento anexado ao prontuário foi a carteira de identidade. Em um

termo de declarações de 22 de agosto de 1932 afirmou que estava "nesta cidade [Santos] há dezesseis anos, para aqui tendo vindo diretamente da sua terra natal; que desde então trabalhou nas Docas de Santos e depois se dedicou à profissão de pedreiro; que o declarante é filiado à União Beneficente dos Empregados em Construção Civil, onde exerceu o cargo de procurador do Sindicato; que no aludido Centro houve diversas reuniões nas quais alguns elementos se manifestavam adeptos do comunismo, lembrando-se dentre estes dos nomes de Sotelo e João Freire e um tal Moura". Em 27 de setembro de 1932, foi recolhido em companhia de Antônio Brito dos Santos à enfermaria do presídio por se encontrar doente. Não consta a data de sua libertação, no entanto, voltou a ser detido em 19 de outubro de 1932, em companhia de Lúcio Ribeiro e José Caballero Martinez, ambos "conhecidos comunistas e elementos nocivo ao meio social". Em 6 de fevereiro de 1936, Leôncio Martins foi indiciado no fechamento da ANL e foi absolvido do Processo n.º 122 em 10 de novembro de 1937. Leôncio Martins foi expulso pela portaria expedida em 16 de dezembro de 1935 e embarcou no Vapor Massilia com destino a Vigo em 8 de maio de 1936.

Palavras-chaves: *Aliança Nacional Libertadora*
Comunismo
Companhia Docas
Espionagem
Expulsão
Livro
Vapor Massilia
União Beneficente dos Empregados em Constrição Civil

Prontuário: **102893** **Leopoldino Manoel de Souza**
Vulgo: -
Profissão: Empregado da Cia.Docas
Nacionalidade: -
Naturalidade: -
Datas-limite: **Inicial** 10/12/49

Síntese: Leopoldino Manoel de Souza fazia parte da Junta Governativa da ABECDS em abril de 1947 e, apesar de não registrar antecedentes comunistas, foi rotulado como simpatizante do PCB e, conforme informou Arlindo Alves Lucena, deliberou colaborar com o grupo comunista. A Junta Governativa foi destituída sob a acusação de ter desviado recursos da instituição para fins subversivos.
Palavras-chaves: *Associação Beneficente dos Empregados da Cia. Docas*
Comunismo
Partido Comunista do Brasil
Santos (SP)

Prontuário: **4447** **Lincoln Feliciano**
Vulgo: -
Profissão: Político
Nacionalidade: -
Naturalidade: -
Datas-limite: **Inicial** 14/03/46 **Final** 26/09/67
Síntese: Lincoln Feliciano era membro do Conselho Administrativo do Estado em 1946 e, em 1948, foi eleito presidente da Assembléia Legislativa de São Paulo, graças à "astúcia do Dep. Conceição Santamaria, que conseguiu afastar os candidatos anteriormente escolhidos". A indicação de Lincoln teria desagradado o PSD, que preferia Oliveira Costa ou Brasílio Machado Netto. Há também uma anotação para que seja consultado o relatório referente ao fechamento da ANL em Santos. Tal relatório registrava informações sobre o referido deputado.
Palavras-chaves: *Aliança Nacional Libertadora*
Partido Social Democrático
Santos (SP)

Prontuário: **92056** **Lourival de Oliveira**
Vulgo: -
Profissão: Estivador e vigilante
Nacionalidade: Brasileira
Naturalidade: Irapuru - SP
Datas-limite: **Inicial** 1947 **Final** 25/10/77
Síntese: Lourival de Oliveira requereu um atestado de antecedentes político-sociais em 25 de outubro de 1977. Consta seu nome como "um dos elementos que estariam articulados" para promover agitações entre os empregados da Companhia Docas de Santos. A polícia não conseguiu precisar se se tratava da mesma pessoa.
Palavras-chaves: *Companhia Docas*
Santos (SP)
Subversão

Prontuário: **3972** **Luiz de França Santana**
Vulgo: -
Profissão: Estivador
Nacionalidade: Brasileira
Naturalidade: Pernambuco
Datas-limite: **Inicial** 16/09/33 **Final** 12/10/33
Síntese: Luiz de França Santana, segundo ficha de identificação da Polícia do Distrito Federal, foi preso em 16 de setembro de 1933, quando realizava um comício na Rua Marechal Floriano, em frente ao Colégio Pedro II, tendo sido apreendidos em seu poder vários boletins comunistas e uma grande bandeira vermelha com o retrato de Clara Zetkin. Em 20 de setembro de 1933, foi recolhido à Casa de Detenção e, em 12 de outubro de 1933, foi posto em liberdade.
Palavras-chaves: *Bandeira*
Boletim
Clara Zetkin
Comício

Prontuário: **103560** **Luiz Ferreira da Silva**
Vulgo: -
Profissão: Portuário
Nacionalidade: Brasileira
Naturalidade: Mata Grande - AL
Datas-limite: **Inicial** 23/10/74 **Final** 07/03/75
Síntese: Luiz Ferreira da Silva solicitou em dezembro de 1974, para motivos profissionais, uma certidão de antecedentes políticos e sociais. Nada se encontrou com referência ao requerente.
Palavras-chaves: *Atestado de antecedentes político-sociais*
Santos (SP)

Prontuário: **99579** **Luiz Gonzaga da Silva**
Vulgo: -
Profissão: Corretor de seguros
Nacionalidade: -
Naturalidade: -
Datas-limite: **Inicial** 03/05/49 **Final** 21/12/70
Síntese: Luiz Gonzaga da Silva esteve detido de 3 a 6 de maio de 1949. Nas declarações prestadas no dia de sua prisão, o prontuariado afirmou que militou em Santos na célula 25 de Março (Rua do Comércio n.º 15), durante a legalidade do Partido Comunista, comparecendo nas festas organizadas pela mesma. Afirmou ser a primeira vez que compareceu ao DEOPS, mas que já havia estado na delegacia de Santos duas vezes porque concorrera ao cargo de vereador apoiado por Prestes no município recém-criado de Cubatão (obtendo 11 votos) e que estava na câmara de Cubatão, quando foi convidado a comparecer à delegacia, sendo apreendido consigo um artigo sobre assuntos sindicais. Foi impetrado um pedido de *habeas corpus* em favor de Reinaldo Machado, Agileu Gonçalves, Edgar Ferreira, Ireneu de Moraes, Justo de Campos e do prontuariado. Participou, em 12 de julho do Segundo Congresso Municipalista, em Ribeirão Preto (o 1º foi em Campinas), sendo indiciado em um relatório de 28 de julho de 1949 como um dos agitadores do congresso, pois queria desencadear uma greve em Ribei-

rão Preto. Aparentemente foi preso em flagrante no dia 14 de julho por distribuir boletins e foi solto no dia 15. Embora o protuariado tivesse dito que não se elegeu vereador, a polícia o tratou como tal.

Palavras-chaves: *Boletim*
Campinas (SP)
Cubatão (SP)
Greve
Partido Comunista do Brasil
Político
Ribeirão Preto (SP)
Santos (SP)
Segundo Congresso Municipalista

Prontuário: **5020** **Luiz Russo**
Vulgo: -
Profissão: Estivador
Nacionalidade: -
Naturalidade: -
Datas-limite: **Inicial** 20/09/38 **Final** 23/11/38

Síntese: Luiz Russo, membro da ex-Junta Governativa do Centro dos Estivadores de Santos, foi acusado de instigar e preparar, em 19 de agosto de 1938, a paralisação de serviços de abastecimento da população sob o "fútil" pretexto de uma assembléia no centro. O processo foi arquivado em 23 de novembro de 1938.

Palavras-chaves: *Centro dos Estivadores (Sindicato dos Estivadores)*
Greve
Santos (SP)

Prontuário: **4326** **Manoel Antônio de Mattos**
Vulgo: Dequinha
Profissão: Estivador
Nacionalidade: Brasileira

Naturalidade: Rio Grande do Norte
Datas-limite: **Inicial** 24/11/36 **Final** 02/03/50
Síntese: Versa sobre as atividades de Manoel Antônio de Mattos, um dos comunistas de maior evidência e periculosidade de Santos. Foi um dos 15 fundadores do núcleo da ANL no Centro dos Estivadores da cidade, segundo o comunicado encontrado pela polícia, no qual o prontuariado solicitava informações de como organizar um núcleo da ANL. Em 1946, participou da greve contra Franco, quando os estivadores se recusaram a trabalhar em navios espanhóis e receberam a solidariedade das demais classes portuárias, sendo preso na Casa de Detenção. Foi indiciado no fechamento da Aliança Nacional Libertadora.
Palavras-chaves: *Aliança Nacional Libertadora*
Antifascismo
Centro dos Estivadores (Sindicato dos Estivadores)
Comunismo
Francisco Franco
Greve
Santos (SP)

Prontuário: **2079** **Manoel Augusto Moura**
Vulgo: -
Profissão: Ensacador
Nacionalidade: Portuguesa
Naturalidade: Trás-os-Montes
Datas-limite: **Inicial** 30/07/32 **Final** 18/10/36
Síntese: Manoel Augusto Moura tinha passagem pela delegacia de polícia de Santos por estar incluso no artigo 330, § 4º, sendo julgado em 12 de junho de 1920 e condenado a um ano e seis meses de prisão. Sendo novamente julgado por roubo em 9 de agosto de 1922, foi absolvido. Há ainda outras passagens naquela delegacia devido a roubo de mercadorias e dinheiro. Foi detido em 30 de julho de 1932, pois, "além de se dedicar à prática e propaganda de idéias avançadas, é ladrão conhecido". Foi novamente detido em 17 de outubro de 1932,

tendo sido encontrado em seu poder farto material subversivo: duas cartas para o jornal *A Plebe*, folhetos, vários livros e uma revista uruguaia. O delegado optou por instaurar um processo de expulsão contra o prontuariado para manter "a segurança das nossas tradições", o que acabou por se concretizar.

Palavras-chaves: *A Plebe*
Comunismo
Expulsão
Folheto
Livro
Revista
Roubo
Santos (SP)

Prontuário: **92055** **Manoel Dantas Barreto**
Vulgo: -
Profissão: Empregado da Cia. Docas
Nacionalidade: -
Naturalidade: -
Datas-limite: **Inicial** 02/11/47
Síntese: O nome de Manoel Dantas Barreto aparece em uma lista de elementos comunistas que estariam articulando agitações entre os operários da Cia. Docas de Santos.
Palavras-chaves: *Companhia Docas*
Comunismo
Santos (SP)

Prontuário: **42458** **Manoel de Oliveira**
Vulgo: -
Profissão: -
Nacionalidade: -
Naturalidade: -
Datas-limite: **Inicial** 26/06/40 **Final** 06/08/40

Síntese: O português Manoel de Oliveira, por estar ilegalmente no país, foi detido e, posteriormente, repatriado pelo Vapor Angola.

Palavras-chaves: *Repatriação*
Vapor Angola

Prontuário: **4357** **Manoel Dias Veloso**
Vulgo: Flor da Praia
Profissão: Estivador
Nacionalidade: Brasileira
Naturalidade: Petrolina-PE
Datas-limite: **Inicial** 06/07/36 **Final** 26/01/76

Síntese: Manoel Dias Veloso, "elemento perigoso, apesar de analfabeto", foi detido em 7 de julho de 1936 por atividades comunistas. Seu nome constava em uma relação de vereadores comunistas de Santos. Em 3 de março de 1937, foi posto em liberdade e, em 24 de outubro de 1938, o Tribunal confirmou a sentença absolutória. A polícia, a partir de uma denúncia, suspeitava que o prontuariado distribuiu boletins e fixou bandeiras comunistas, o que ele negou. Confirmou ter participado do Núcleo da Oposição da Estiva da ANL, mas negou ser comunista.

Palavras-chaves: *Aliança Nacional Libertadora*
Bandeira
Boletim
Comunismo
Delação
Político
Tribunal de Segurança Nacional

Prontuário: **6825** **Manoel Duarte Ribeiro Júnior**
Vulgo: -
Profissão: Doqueiro
Nacionalidade: Portuguesa
Naturalidade: Freguesia de Cercal

Datas-limite: **Inicial** 13/05/46 **Final** 26/07/46
Síntese: Manoel Duarte Ribeiro Júnior foi preso em 12 de maio de 1946 em Santos como "agitador de greve", a greve contra franco, quando os estivadores se recusaram a trabalhar em navios espanhóis e receberam a solidariedade das demais classes portuárias.
Palavras-chaves: *Antifascismo*
Francisco Franco
Greve
Santos (SP)

Prontuário: **82416** **Manoel Fernandes Filho**
Vulgo: -
Profissão: Conferente de carga e descarga
Nacionalidade: -
Naturalidade: -
Datas-limite: **Inicial** 16/06/47 **Final** 06/12/67
Síntese: Manoel Fernandes Filho foi considerado, em um relatório de 16 de junho de 1947, como um dos elementos de maior evidência e periculosidade de Santos. No entanto, por falta de dados qualificativos, o Arquivo Geral não soube precisar se se tratava do prontuariado ou não.
Palavras-chaves: *Comunismo*
Santos (SP)

Prontuário: **5019** **Manoel Gomes de Oliveira**
Vulgo: -
Profissão: Estivador
Nacionalidade: Brasileira
Naturalidade: Pernambuco
Datas-limite: **Inicial** 23/11/38 **Final** 20/09/39
Síntese: Manoel Gomes de Oliveira, membro da ex-Junta Governativa do Centro dos Estivadores de Santos, foi acusado de instigar a paralisação no porto de Santos em 19 de agosto de 1938, sob o "fútil" pretexto de uma assembléia no Centro. O processo foi arquivado em 14 de novembro de 1938.

Palavras-chaves: *Centro dos Estivadores (Sindicato dos Estivadores)*
Greve
Porto de Santos
Santos (SP)
Tribunal de Segurança Nacional

Prontuário: **71241** **Manoel Jorge de Andrade**
Vulgo: -
Profissão: Funcionário da Prefeitura de Santos
Nacionalidade: -
Naturalidade: -
Datas-limite: **Inicial** 27/05/46 **Final** 14/04/75
Síntese: O prontuariado consta de uma relação de comunistas da prefeitura de Santos, provavelmente de 1946, já que o prontuário foi aberto nesse ano. Há também um oficio dando conta de uma carta relatando as "atividades comunistas em Santos" e cujo interessado era Adolfo Rodrigues. Dois meses após esse oficio, há um outro do delegado de Santos que afirma que, "sobre os fatos articulados na denúncia de contra excesso de propaganda comunista e o ambiente de insegurança existente há meses atrás nesta cidade...", já haveria sido aberto um inquérito e que "quanto ao queixoso não pesa[va] contra o mesmo (...) qualquer ameaça". O que faz supor que Adolfo Rodrigues teria escrito uma carta sobre atividades comunistas, incluindo a relação em que constava o nome do prontuariado e na qual estaria sendo ameaçado. Em 1975, a Petrobrás solicitou os antecedentes de uma pessoa de idêntico nome, mas a polícia não tinha como afirmar se se tratava ou não do prontuariado.
Palavras-chaves: *Atestado de antecedentes político-sociais*
Comunismo
Delação
Petrobrás
Santos (SP)

Prontuário: **6813** **Manoel Justo Ribeiro (ou Riveiro)**
Vulgo: -
Profissão: Doqueiro
Nacionalidade: Espanhola
Naturalidade: Sandum
Datas-limite: **Inicial** 13/05/46 **Final** 26/07/46
Síntese: Manoel Justo Ribeiro foi preso em Santos em 12 de maio de 1946 por ser "agitador de greve", da greve contra Franco, quando os estivadores se recusaram a trabalhar em navios espanhóis e receberam a solidariedade das demais classes portuárias.
Palavras-chaves: *Antifascismo*
Francisco Franco
Greve
Santos (SP)

Prontuário: **78361** **Manoel Ludgero Nascimento**
Vulgo: Noruega
Profissão: -
Nacionalidade: -
Naturalidade: -
Datas-limite: **Inicial** 11/07/36
Síntese: Manoel Ludgero Nascimento era "assíduo freqüentador de reuniões de elementos perigosos" e tem sua assinatura em um manifesto após uma sessão realizada pela Vanguarda Consciente da União dos Trabalhadores da Light.
Palavras-chaves: *Manifesto*
Santos (SP)
Vanguarda Consciente da União dos Trabalhadores da Light

Prontuário: **76514** **Manoel Pérez**
Vulgo: -
Profissão: Conferente de carga e descarga
Nacionalidade: Espanhola
Naturalidade: Berrande
Datas-limite: **Inicial** 12/08/39 **Inicial** 30/10/45
Síntese: Manoel Pérez foi identificado em Santos em 10 de agosto de 1937 para naturalização e, em 12 de agosto de 1939, foi "identificado para legitimação".
Palavras-chaves: *Naturalização*
Santos (SP)

Prontuário: **99015** **Manoel Pires Sobrinho**
Vulgo: -
Profissão: Motorista
Nacionalidade: Brasileira
Naturalidade: Paraíba do Norte
Datas-limite: **Inicial** 04/03/49 **Final** 09/03/49
Síntese: Manoel Pires Sobrinho aderiu a uma greve na companhia de ônibus Expresso Brasileiro no dia 26 de fevereiro de 1949, véspera de Carnaval, sendo detido pela Polícia Marítima junto com os demais indiciados, pois, para o delegado, "o cidadão, para ser livre, tem que obedecer à lei, sobretudo quando está em questão o interesse da coletividade". A polícia de Santos tomou conhecimento da articulação da greve ao encontrar, em um dos ônibus da empresa, boletins e manifestos solicitando aumento salarial. O jornal *Hoje* foi acusado de publicar notícias tendenciosas 4 dias antes da greve, pois o correspondente de Santos teria relatado a existência dos referidos manifestos.
Palavras-chaves: *Carnaval*
Empresa de Ônibus Expresso Brasileiro
Greve
Hoje (jornal)
Manifesto
Polícia Marítima
Santos (SP)

Prontuário: **4331** **Manoel Silvino de Araújo**
Vulgo: -
Profissão: Estivador
Nacionalidade: -
Naturalidade: -
Datas-limite: **Inicial** 24/01/36 **Final** 13/06/37
Síntese: Versa sobre as atividades de Manoel Silvino de Araújo na ANL e no Centro dos Estivadores de Santos. Neste último, foi um dos fundadores do núcleo da Aliança Nacional Libertadora, segundo o documento encontrado pela polícia, no qual Manuel Silvino solicitava informações sobre como criar um núcleo da Aliança.
Palavras-chaves: *Aliança Nacional Libertadora*
Centro dos Estivadores (Sindicato dos Estivadores)
Santos (SP)

Prontuário: **104931** **Manoel Vieira Rodrigues**
Vulgo: -
Profissão: -
Nacionalidade: -
Naturalidade: -
Datas-limite: **Inicial** 26/11/46
Síntese: Manoel Vieira Rodrigues "não registra antecedentes que o desabonem nesta delegacia".
Palavras-chaves: *Atestado de antecedentes político-sociais*

Prontuário: **1739** **Maria da Cruz (ou Eulália da Conceição)**
Vulgo: -
Profissão: Doméstica e operária
Nacionalidade: -
Naturalidade: -
Datas-limite: **Inicial** 1930 **Final** 02/12/37
Síntese: Maria da Cruz ou Eulália da Conceição afirmou trabalhar em 1930 na Companhia Santista de Tecelagem, onde

ocorreu uma greve e onde acabou sendo induzida, por João Freire de Oliveira, a entrar para o PCB. Segundo a polícia, Eulália pertencia à "Comissão de Mulheres" e, por isso, trabalharia nas fábricas durante um mês para conseguir formar uma célula. Em 1932, tomou parte no "saliente conflito havido na Praça da República" de Santos, juntamente com Pagu ("com sangrenta celebridade em Santos"). Foi detida em maio do mesmo ano em São Paulo durante movimento grevista e novamente em 31 de julho de 1932, pois em sua casa foi encontrada grande quantidade de material subversivo. Foi detida em 11 de maio de 1936 em sua casa, onde foram encontrados três livros subversivos e um mimeógrafo. Em seu termo de declarações, negou que o boletim "Proletariado Santista" fosse seu. O delegado do DOPS solicitou sua libertação em 14 de junho de 1937. Esteve detida de 25 de novembro a 2 de dezembro de 1937. A polícia acreditava que Crisântemo fosse o nome da filha da prontuariada e a polícia a investigava para chegar à mãe.

Palavras-chaves: *Companhia Santista de Tecelagem*
Livro
Mimeógrafo
Partido Comunista do Brasil
Patrícia Galvão (Pagu)
Santos (SP)

Prontuário: **3955** **Marcellino Pereira de Carvalho**
Vulgo: -
Profissão: Estivador
Nacionalidade: Brasileira
Naturalidade: Pará
Datas-limite: **Inicial** 28/09/33 **Final** 12/10/33
Síntese: Marcellino Pereira de Carvalho, segundo a ficha de identificação da Polícia do Distrito Federal, foi preso, em 28 de setembro de 1933, na praça Servulo Dourado por ser comunista militante e andar por ali "perambulando". No dia se-

guinte, foi recolhido à casa de detenção e, em 12 de outubro de 1933, foi posto em liberdade.
Palavra-chave: *Comunismo*

Prontuário: **54156** **Maximiliano Medina Justo**
Vulgo: -
Profissão: -
Nacionalidade: -
Naturalidade: -
Datas-limite: **Inicial** 13/03/44 **Final** 24/03/44
Síntese: Maximiliano Medina teve seus antecedentes solicitados ao DEOPS, que afirmou, em 23 de março de 1944, que não havia nada que desabonasse a conduta política e social do prontuariado.
Palavras-chaves: *Atestado de antecedentes político-sociais*

Prontuário: **71230** **Miguel Girado Gomes**
Vulgo: -
Profissão: Funcionário da Prefeitura de Santos
Nacionalidade: -
Naturalidade: -
Datas-limite: **Inicial** 27/05/46 **Final** 11/07/46
Síntese: O nome do prontuariado consta de uma relação de comunistas da prefeitura de Santos, provavelmente de 1946, já que o prontuário foi aberto nesse ano. Há também um ofício dando conta de uma carta que relata as "atividades comunistas em Santos" e cujo interessado era Adolfo Rodrigues. Dois meses depois desse oficio, há um outro do delegado de Santos que afirmava que, "sobre os fatos articulados na denúncia de contra excesso de propaganda comunista e [sobre] o ambiente de insegurança existente há meses atrás nesta cidade", já havia sido feito um inquérito e que "quanto ao queixoso não pesa[va] contra o mesmo (...) qualquer ameaça". O que faz supor que Adolfo Rodrigues teria escrito uma carta sobre atividades comunistas, incluindo a relação em que constava o nome do prontuariado, e que estaria sendo ameaçado.

Palavras-chaves: *Comunismo*
Delação
Santos (SP)

Prontuário: **1570** **Miguel Francisco Rolim**
Vulgo: Miguelão
Profissão: Estivador
Nacionalidade: Brasileira
Naturalidade: Serra Mirim-RN
Datas-limite: **Inicial** 01/04/32 **Final** 18/04/49
Síntese: Miguel Francisco Rolim fundou uma sociedade intitulada "Os Sem Trabalho", após ter sido uma das "mil e tantas" pessoas dispensadas do serviço de construções nas docas. Foi preso no dia 2 de abril de 1932, provavelmente até o dia 10 do mesmo mês, "por conveniência da segurança da ordem pública e social desta cidade". Um documento cita a Federação das Indústrias de São Paulo, porém, não consta o nome do prontuariado.
Palavras-chaves: *Companhia Docas*
Federação das Indústrias de São Paulo
Santos (SP)
Sociedade "Os sem trabalho"

Prontuário: **110898** **Moacyr Gaza**
Vulgo: -
Profissão: -
Nacionalidade: -
Naturalidade: -
Datas-limite: **Inicial** 30/06/51 **Final** 06/11/56
Síntese: Moacyr Gaza foi citado no relatório sobre o Centro Santista de Estudo e Defesa do Petróleo e da Economia Nacional, de 30 de junho de 1951, por ser um dos comunistas que participaram de uma das reuniões preparatórias para o Segundo Congresso Estadual de Defesa do Petróleo que se realizaria nos dias 2 e 3 do mesmo mês e para o qual o Centro

Santista tinha convocado a população de Santos através dos jornais. Moacyr Gaza seria, segundo a polícia, um "elemento comunista com ação destacada na cidade de Santos".

Palavras-chaves: *Centro Santista de Estudo e Defesa do Petróleo*
Comunismo
Santos (SP)
Segundo Congresso Estadual de Defesa do Petróleo

Prontuário: **97662** **Moacyr Lincoln Carvalho Júnior**
Vulgo: -
Profissão: Funcionário da Prefeitura Municipal de Santos
Nacionalidade: Brasileira
Naturalidade: São Sebastião - SP
Datas-limite: **Inicial** 01/12/48 **Final** 11/12/48

Síntese: Moacyr Lincoln Carvalho Júnior esteve detido de 1º a 4 de dezembro de 1948 para averiguações, provavelmente porque juntamente com Francisco Fernandes, também operário da Repartição de Saneamento de Santos, buscou apoio para uma greve sob o argumento de atraso salarial de dois meses. Porém, ambos desistiram do intento porque não conseguiram adesão. Já detidos, negaram estar envolvidos em política.

Palavras-chaves: *Greve*
Repartição de Saneamento
Santos (SP)

Prontuário: **3181** **Moyses Roitman**
Vulgo: -
Profissão: -
Nacionalidade: -
Naturalidade: -
Datas-limite: **Inicial** 27/03/32 **Final** 01/12/34

Síntese: Moyses Roitman foi detido como agitador em 2 de outubro de 1934, com Seraphim Rodrigues e Marcos dos Santos, no Largo da Sé. Em seu poder, foram apreendidos vários papéis datilografados que faziam referência ao comunismo. Os que foram anexados ao prontuário são de autoria de Maurício Roitman, que também assina como "Poeta excomungado", "O Profeta de Jerusalém", "Psicólogo da China", o "Poeta herege" e um "Jovem guerreiro". Contém poemas sobre a natureza, escritos em defesa do nudismo no país como forma de melhorar a raça, além de textos intitulados "A Virtude e os Confessionários", "O profeta de Jerusalém", "O Leitão da Comadre", "Natal" e "Deus". As datas dos mesmos variam de 27 de março de 1932 a 1° de dezembro de 1934 e todos foram escritos em Santos.

Palavras-chaves: *Comunismo*
Largo da Sé
Nudismo
Poesia
Santos (SP)

Prontuário: **4430** **Nelson Jorge Rangel**
Vulgo: -
Profissão: -
Nacionalidade: -
Naturalidade: -
Datas-limite: **Inicial** janeiro de 1936 **Final** 31/01/52
Síntese: Nelson Rangel foi citado em um ofício do Serviço Especial de janeiro de 1936, no qual o policial afirmava que "quando há dias eu punha no correio aquela carta que lhe escrevi, vi chegar à estação postal, pálido, nervoso, agitado, o Dr. Nelson. Chegou e dirigiu-se para um canto em que se achava Alberto Bitran e pelos seus modos estava ali a sua espera. Falaram agitados, nervosos, baixinho e depois de uns 5 minutos se separaram". Nesse mesmo dia, havia chegado a notícia da prisão de Harry Berger no Rio. Foi indiciado no fechamento da ANL em Santos, sendo absolvido em 7 de dezembro de 1938. Em 1952, era um dos organizadores do Comitê Pró-paz de Santos.

Palavras-chaves: *Aliança Nacional Libertadora*
Comitê Pró-paz
Harry Berger
Santos (SP)

Prontuário: **4329** **Olympio Sebastião Nunes**
Vulgo: -
Profissão: Estivador
Nacionalidade: -
Naturalidade: -
Datas-limite: **Inicial** 24/01/36
Síntese: O Centro dos Estivadores de Santos foi, segundo a polícia, o único sindicato "em que se organizou uma atividade coletiva coordenada, com caráter subversivo". O prontuariado foi um dos 15 fundadores do núcleo da ANL naquele Centro, segundo um documento encontrado pela polícia, no qual Nunes solicitava explicações sobre como organizar um núcleo da Aliança Nacional Libertadora.
Palavras-chaves: *Aliança Nacional Libertadora*
Centro dos Estivadores (Sindicato dos Estivadores)
Comunismo
Santos (SP)

Prontuário: **11665** **Pedro Francisco dos Santos**
Vulgo: -
Profissão: Ensacador
Nacionalidade: -
Naturalidade: -
Datas-limite: **Inicial** 23/05/45 **Final** 22/03/78
Síntese: Pedro Francisco dos Santos foi considerado "um dos elementos comunistas de maior evidência e periculosidade de Santos". Em 1945, foi procurado pela polícia para resolver um problema de indenização por acidente de trabalho e, em 1978, estava relacionado em uma lista de comunistas.

Palavras-chaves: *Comunismo*
Indenização

Prontuário: **2479** **Raphael Sampaio Filho**
Vulgo: -
Profissão: Advogado
Nacionalidade: -
Naturalidade: -
Datas-limite: **Inicial** 11/09/33 **Final** 15/12/51
Síntese: Raphael Sampaio Filho foi citado no relatório de investigação de 11 de setembro de 1933, segundo o qual, estaria travando entendimentos com Dr. Kopper e o Sr. Lisboa a fim de conseguir o apoio dos estivadores para uma greve. O investigador afirmou que Raphael tinha ido a São Paulo, pois o Dr. Kopper e o Sr. Lisboa não haviam ido a Santos. No mesmo relatório, afirmava que reinava a ordem na classe dos estivadores, pois qualquer resolução deveria ser tomada em conjunto com todos os portos brasileiros segundo os estatutos da União dos Estivadores. Ainda segundo o investigador, "não obstante, existe no seio dos estivadores uma corrente chamada 'Miguelista', a qual politicamente é chefiada por Antônio Gonzales, ex-subdelegado do Macuco, e que é tido como agitador". Sampaio estaria se encontrando com Braz Arruda Filho, "comunista e tenentista exaltado", e com Gilberto de Andrade e Silva na casa do prontuariado, que também teria um sítio em Juquiá, onde havia um rádio transmissor. Em 1935, participou da Frente Única Sindical de Santos e foi indiciado no fechamento da ANL em Santos. Também foi indiciado no processo n.º 119 do TSN por se reunir clandestinamente no jornal *A Platea*, sendo absolvido em 1939. Um recorte de jornal de 16 de junho de 1935 contém uma declaração do prontuariado, "ilustre ex-delegado geral da Revolução de 1930", na qual ele afirmava ironicamente que "de fato (...) verificamos que existe uma grande ligação entre os vários elementos que compõem os nossos partidos de oposição, apoiados por generais do Exército descontentes, e na Ação

Integralista Brasileira", citando que praças e sargentos que assistiram a comícios da ANL foram expulsos do exército enquanto o Coronel Milton de Freitas Almeida, integralista, era nomeado para comandante da força pública. O relatório de 28 de agosto de 1936 relaciona as "ligações" do prontuariado com diversas pessoas, entre elas, elementos do Exército afirmando que Sampaio "foi e é a única pessoa de absoluta confiança de Luiz Carlos Prestes". Sampaio foi à Secretaria da Fazenda, na qualidade de Diretor do Centro dos Varejistas de Santos, para formalizar o convite da inauguração do quadro de Vargas e Adhemar. Em 1938, estava sendo procurado pela polícia, que realizava investigações em torno de Tenyson de Oliveira Ribeiro, amigo do prontuariado. Ribeiro afirmou em conversa que Sampaio estava "bem nas barbas da polícia", daí o investigador concluir que Raphael estaria na casa do pai, em São Paulo. O prontuariado mantinha relações "político-sociais" com Miguel Costa. Segundo a notícia do *Diário da Noite* de 18 de junho de 1938, havia sido lançada a revista *Mar- uma revista de Santos para o Brasil*, na qual Sampaio colaborava no primeiro número. Em 1947, o acusado foi considerado "um dos elementos de maior periculosidade de Santos", constando, naquele mesmo ano, de uma relação de elementos do Partido socialista.

Palavras-chaves: *Ação Integralista Brasileira*
Adhemar de Barros
Aliança Nacional Libertadora
A Platéia (jornal)
Centro dos Varejistas de Santos
Diário da Noite (jornal)
Estivador
Exército
Força Pública
Frente Única Sindical de Santos
Getúlio Vargas
Integralismo
Luiz Carlos Prestes
Mar (revista)
Miguel Costa

Partido Socialista Brasileiro
Santos (SP)
Tenentismo
União dos Estivadores

Prontuário: **2795** **Reginaldo Carvalho**
Vulgo: -
Profissão: Bancário
Nacionalidade: Brasileira
Naturalidade: Guaratinguetá - SP
Datas-limite: **Inicial** 10/12/34 **Final** 1948
Síntese: Reginaldo Carvalho assinou uma circular datilografada do Comitê Antiguerreiro e Antifascista de Santos, datada de 10 de dezembro de 1934 e dirigida aos diretores do Sindicato dos Empregados em Hotéis, confirmando no seu termo de declaração ter sido diretor provisório da referida entidade. A circular afirma que seria realizada uma reunião na qual a direção do comitê seria composta por elementos que "oficialmente representem os sindicatos (...) além de outras pessoas retiradas das diversas camadas populares" para desenvolver uma ação de "massas contra a guerra, a reação e o fascismo". De acordo com outro termo de declaração de 28 de março de 1936, Reginaldo Carvalho foi presidente do Sindicato dos Bancários e secretário geral interino da Coligação das Associações Proletárias de Santos, além de ter participado da ANL. Carvalho afirmou ter sido preso em 1934 por protestar contra as prisões arbitrárias de operários da Cia. City de Santos. Foi acusado de tomar parte na Frente Única Sindical de Santos. O prontuário contém um recorte do jornal *Folha de Santos*, datado de 20 de outubro de 1934, em que a Coligação das Associações Proletárias de Santos afirmava que não "se responsabiliza[va] em absoluto pela atitude que a massa proletária, em desvario de causa, venha porventura tomar a [sic] vista da atuação antidemocrática dos poderes constituídos". O prontuariado assinou um documento, no qual declarava que, em resposta à "atitude pacífica e legítima" dos trabalha-

dores, "sabemos que as autoridades policiais vêm prender, agora, diversos companheiros nossos, apenas por suposição". Dias antes da publicação, o chefe do governo provisório teria sido chamado de canalha e cretino e o Ministro do Trabalho de pederasta passivo durante o evento da Coligação. Reginaldo foi definido pela polícia como "um dos mais perigosos, mais eficientes agitadores de tudo quanto é idéia subversiva; bastante inteligente, de palavra fácil e grande poder de penetração e convicção (...) [que] induz e convence a massa a ser comunista". Consta ainda do prontuário uma ficha de antecedentes político-sociais, de 3 de outubro de 1933 a 5 de maio de 1935, com várias informações sobre o prontuariado baseadas em boletins policiais. Reginaldo foi candidato a deputado estadual pelo PCB e acionista do *Hoje*. Esteve detido em 1948 por "hospedar elemento comunista", estando também preso por figurar no inquérito de fechamento da ANL.

Palavras-chaves: *Aliança Nacional Libertadora*
Coligação das Associações Proletárias de Santos
Comitê Antiguerreiro e Antifascista
Companhia City
Fascismo
Frente Única Sindical de Santos
Hoje (jornal)
Partido Comunista do Brasil
Político
Santos (SP)
Sindicato dos Bancários
Sindicato dos Empregados em Hotéis

Prontuário: **1196** **Roberto Silva**
Vulgo: -
Profissão: Corretor de café
Nacionalidade: -
Naturalidade: -
Datas-limite: **Inicial** 28/11/29 **Final** 03/03/38

Síntese: Roberto Silva assinou um informe do PCB aos membros como secretário do Comitê Regional em 28 de novembro de 1929, no qual são feitas 9 perguntas para saber a situação operária após o "recrudecimento da reação". O prontuariado chegou a Santos no Vapor Otahité proveniente de Belém no dia 11 de setembro de 1931 e, segundo a polícia, não deu entrada no hotel em que iria se hospedar. Em março de 1935, foi um "elemento constitutivo" da Frente Única Sindical de Santos e indiciado no fechamento da ANL da cidade. No seu termo de declaração de 11 de dezembro de 1935, afirmava que pertencia ao Sindicato Patronal dos Corretores de Café e admitiu ter feito uma conferência no Comitê Antiguerreiro intitulada "Consideração sobre o integralismo". Afirmou ainda não ser comunista e possuir uma biblioteca de 500 livros, tendo sido encarcerado em Santos numa enxovia de 30 metros, com um sujeito com blenorragia, não havendo privada. Do presídio paraíso, escreveu uma carta solicitando atendimento dentário, pois estava com artrite. Esteve detido de 2 de dezembro de 1935 a 3 de março de 1937, tendo o pedido de condicional negado, mas foi excluído da denúncia em 1938. O inspetor de segurança, no dia 11 de março de 1937, afirmou que o prontuariado disse a uma outra pessoa que "na próxima revolução ele, Roberto, e seus companheiros, haviam de cortar a cabeça de muita gente boa". Segundo o Serviço de Informações, em 3 de março de 1938, o prontuariado participava de uma reunião comunista sobre as sentenças do TSN.

Palavras-chaves: *Aliança Nacional Libertadora*
Biblioteca
Comitê Antiguerreiro
Conferência
Frente Única Sindical de Santos
Integralismo
Partido Comunista do Brasil
Santos (SP)
Sindicato dos Corretores de Café
Tribunal de Segurança Nacional
Vapor Otahité

Prontuário: **399** **Rodesindo Calomenero Rodrigues**
Vulgo: -
Profissão: -
Nacionalidade: -
Naturalidade: -
Datas-limite: **Inicial** 30/10/19 **Final** 17/02/31
Síntese: Rodesindo Calomenero Rodrigues era, segundo a polícia, conhecido pelos nomes de Reduzindo Fernandes e Reducindo Colmenero. Foi acusado de ser desordeiro e anarquista perigoso. Em 30 de outubro de 1919, organizou e tomou parte ativa no movimento subversivo ocorrido na cidade de Santos. Seu prontuário, assim como seu registro no Gabinete de Investigações é de n.º 92097. Na folha de anotações e antecedentes, constam as seguintes informações: 10/10/19, preso em Santos como grevista; 09/03/20, idem; 02/04/20, idem como insuflador de greve; 25/04/21, preso em Santos durante uma "sessão secreta de [ilegível] operária".
Palavras-chaves: *Anarquismo*
Greve

Prontuário: **1975** **Rosa Brickman**
Vulgo: -
Profissão: Professora
Nacionalidade: Romena
Naturalidade: Trieste
Datas-limite: **Inicial** 30/06/1932 **Final** 29/01/1951
Síntese: Segundo a polícia Marítima de Santos, Rosa Brickman, romena de Trieste, desembarcou do Vapor Francesca, no dia 26 de agosto de 1920 (aos nove anos de idade), na cidade do Rio de Janeiro. Rosa Brickman afirmou em um termo de declarações de 1932 que era professora da Escola do Comércio de Santos. Por volta de 1929 teria conhecido Adolfo Roitman, de quem ficou noiva e "pela leitura constante de livros sobre assuntos comunistas tornou-se simpática desses ideais, assim como seu noivo. Casou-se com Adolfo, transferindo-se então

para São Paulo, o que provocou a ruptura das relações com o pai. Trabalhou na Cruz Vermelha de Santos, foi tesoureira de uma célula comunista da cidade comandada por 'Raymundo'. Afirmou ter participado do comício do Partido Comunista na Praça Concórdia, mas ter se retirado depois de saber da proibição." Em 1933, seria um dos cinco elementos de Santos que, segundo a polícia, tomariam parte no Comitê Central do Partido Comunista. Consta também do prontuário um documento formalizando a sua entrada na Juventude Comunista (Zona de Santos). No prontuário, foram anexadas cartas trocadas entre Adolfo e Rosa, nas quais ela diz que já tinha mandado os livros para ele, que se encontrava detido. Em um manuscrito intitulado "Casamento e Comunismo", Rosa afirmou que Saint Simon, Owen e Fourier já "há cem anos (...) muito antes do Manifesto [Comunista] (...) [provaram] que não existe no casamento burguês um só elemento de uma união livre nascida de afeto mútuo". Em 1947, fez uma conferência na Sociedade Cívica Feminina, na qual defendeu o sistema de aprendizagem de Maria Montessori e fez considerações sobre o papel da mulher. Em uma folha anexa, cita as mortes de Vicente Malvoni e Deoclécio Augusto Santana (ambos de Santos). Em uma folha datilografada (s/d), Rosa Brickman relata as dificuldades impostas pelos EUA à viagem ao México e o discurso de alguns poetas como Pablo Neruda, Paul Eluard e o cubano Nicolas Guillen que "foi proibido de dirigir a palavra ao povo de Santos" e, por fim, apela à participação das mulheres para promover a Paz. Há uma relação dos livros apreendidos em poder da prontuariada, a maioria de teóricos marxistas, alguns em castelhano e francês, além de algumas folhas manuscritas anexadas aos autos. Em 1949, o delegado solicitou informações para saber dos procedimentos a serem tomados face ao pedido da prontuariada de passaporte para viajar para a América Central e do Sul. No verso do manuscrito, afirmava-se que nada podia ser feito para impedir a viagem ao Congresso da Paz em companhia de Ana de Andrade e Yolanda Pnicigher, mas sugere que fosse feita observação ao FBI. Em 1950, a prontuariada compareceu "espontaneamente em companhia do pai para afirmar que tendo tomado parte em atividades comunistas na cidade de Santos, onde residia, foi obrigada a homiziar-se para fugir à ação da polícia (...) [Compareceu] para certificar as autoridades que não mais irá imiscuir-se em ditas atividades, não só pela compreensão adquirida, mas porque leva em conta o fator família, já que quer dar uma educação adequada aos seus filhos".

Palavras-chaves: *América Central*
América do Sul
Comício
Comunismo
Congresso da Paz
Cruz Vermelha
FBI
Fourier
Juventude Comunista
Livro
Maria Montessori
Nicolas Guillen
Owen
Pablo Neruda
Partido Comunista do Brasil
Paul Eluard
Polícia Marítima
Saint Simon
Santos (SP)
Sociedade Cívica Feminina
Vapor Francesca

Prontuário: **92066** **Rui Barbosa**
Vulgo: -
Profissão: Empregado da Cia. Docas
Nacionalidade: -
Naturalidade: -
Datas-limite: **Inicial** 10/11/1943 **Final** 25/04/1979

Síntese: Rui Barbosa foi preso em Santos em 10 de novembro de 1943. Em 2 de novembro de 1947, aparece como elemento comunista da Cia. Docas de Santos articulando uma "subversão" e, em 19 de julho de 1966, como "elemento simpatizante do comunismo" em Araraquara. O prontuariado requereu um atestado de antecedentes políticos e sociais. No entanto, o Arquivo Geral não tinha condições de afirmar se, nas três ocasiões, se tratava da mesma pessoa. No requerimento aparece [à caneta] uma observação: "RG confere; comunista 1966-região de Araraquara; elemento comunista das Docas de Santos, nome sem qualificação".

Palavras-chaves: *Araraquara (SP)*
Companhia Docas
Comunismo
Santos (SP)

Prontuário: **4479** **Salim Maluf**
Vulgo: -
Profissão: Professor
Nacionalidade: Síria
Naturalidade: -
Datas-limite: **Inicial** 10/02/1936 **Final** 18/2/1936

Síntese: Salim Maluf, em seu termo de declarações, afirmou ser escultor e diretor da Escola Rodin, local onde sublocava, nos fundos, um quarto. Confirmou que ali funcionava a Tipografia Econômica, mas que nunca havia entrado nesse cômodo, razão pela qual não sabia se ali eram impressos boletins comunistas. Declarava também que ele não era comunista e sim democrático. Salim Maluf foi indiciado no fechamento da ANL de Santos, sendo libertado em 18 de fevereiro de 1936, depois de um pedido de Romão Gomes, seu amigo, que o classificou como "um pobre coitado".

Palavras-chaves: *Aliança Nacional Libertadora*
Boletim
Comunismo
Escola Rodin

Santos (SP)
Tipografia

Prontuário: **163** **Salisbury Galeão Coutinho**
Vulgo: -
Profissão: -
Nacionalidade: -
Naturalidade: -
Datas-limite: **Inicial** 09/03/1931 **Final** 05/09/1931
Síntese: Salisbury Galeão Coutinho falou na primeira reunião referente à fundação da Associação dos Amigos da Rússia, fundada em 1931 por um grupo de intelectuais comunistas com o intuito de forçar o governo a reconhecer a Rússia e manter intercâmbio com aquele país. Em 10 de março de 1931, foi eleito membro da Comissão Executiva da Associação dos Amigos da Rússia. Em 16 de agosto de 1931, alugou o salão da Liga Lombarda para uma reunião "suspeita". Em primeiro de janeiro de 1932, de acordo com documento apreendido com Astrojildo Pereira, a polícia concluiu que o prontuariado era representante da Associação junto ao Comitê Regional do Socorro Vermelho Internacional. Em 16 de novembro de 1933, discursou em reunião comunista na Liga Lombarda e aderiu à homenagem prestada a Affonso Schimdt. Em 10 de fevereiro de 1933, falou em reunião no Comitê Antiguerreiro e "em seu prontuário existem interessantes anotações, entre as quais um bilhete de presos comunistas que a ele se dirigem solicitando interferência para a sua liberdade, e pedindo para entender-se com o jornalista Motta Lima". Em 1937, foram apreendidos livros de caráter comunista editados pela firma Badenes e Coutinho. Galeão Coutinho trabalhou no jornal *A Gazeta*. Essas informações constam da sua folha de antecedentes de 27 de janeiro de 1937. O pedido citado dos prisioneiros afirmava "Amigo Galeão Coutinho, encontramos presos incomunicáveis na Imigração: Capitão Guarany, diversos sargentos da 'força', Florencio Tejeda preso por vender o livro de Diogo Hidalgo editado pela 'Pax', João Freire de Oliveira da Editorial

'Marenglen' e mais 12 companheiros acusados de comunistas. Logo iniciaremos a greve de fome, já fomos ameaçados de drivata [sic], ninguém até agora foi interrogado pelas autoridades. Pedimos em nome dos princípios mais comesinhos [sic] de humanidade, protestar pela imprensa contra nossas prisões, alguns de nós têm família e diversos filhos para sustentar (...) A. vítimas". Em boletim de informação de 8 de janeiro de 1933, afirmava-se que era idéia de alguns intelectuais santistas fundarem um clube que se dedicaria aos estudos e à divulgação do comunismo, entre eles Marianno Gomes e Jayme Franco. O mesmo documento afirmava que Cid Silveira teve encontros com jornalistas comunistas como Lívio Xavier, Galeão Coutinho, Brito Brocca, Mathias Simão (que iria publicar um livro de versos intitulado *Poemas úteis* que seria editado pela Editorial Unitas). Um informe reservado de 9 de março de 1933 afirmava que o prontuariado tinha "espalhado o boato que o governo brasileiro fez sentir aos governos do Uruguai e da Argentina o perigo que representa para o Brasil as reuniões de políticos exilados desses países, na fronteira do Brasil". Um informe do Reservado Guarany (s/d) afirma que o prontuariado tinha "um modo de exprimir-se muito complicado, de maneira que os operários que assistem a suas conferências ficam sempre na mesma".

Palavras-chaves: *Afonso Schimdt*
A Gazeta (jornal)
Associação dos Amigos da Rússia
Astrojildo Pereira
Comitê Antiguerreiro
Comunismo
Diogo Hidalgo
Editora Pax
Editorial Merenglen
Editorial Unitas
Firma Badenes e Coutinho
Intelectual
Liga Lombarda
Livro

Poesia
Socorro Vermelho Internacional

Prontuário: **5118** **Secundino Barreto**
Vulgo: -
Profissão: Estivador
Nacionalidade: -
Naturalidade: -
Datas-limite: **Inicial** 06/02/1936 **Final** 25/09/1947
Síntese: Secundino Barreto foi indiciado no fechamento da ANL em Santos, sendo absolvido em 1938. No ano seguinte, seu nome constava em uma relação de elementos comunistas ligados ao sindicato dos estivadores acusando passagem pela delegacia.
Palavras-chaves: *Aliança Nacional Libertadora*
Comunismo
Santos (SP)
Centro dos Estivadores (Sindicato dos Estivadores)

Prontuário: **6166** **Sindicato dos Contratantes de Estiva do Porto de Santos**
Vulgo: -
Profissão: -
Nacionalidade: -
Naturalidade: -
Datas-limite: **Inicial** 13/07/1939
Síntese: A polícia registrou a diretoria do Sindicato como sendo composta por Armando Otávio Roxo, Nicola Caetano Pizarro e Laércio de Azevedo.
Palavras-chaves: *Diretoria*
Santos (SP)
Sindicato dos Contratantes de Estiva do Porto de Santos

Prontuário: **12309** **Sindicato dos Empregados em Agências e Companhias de Transporte Marítimos de Santos**

Vulgo: -
Profissão: -
Nacionalidade: -
Naturalidade: -
Datas-limite: **Inicial** 07/10/1939 **Final** 09/10/1939

Síntese: O Sindicato dos Empregados em Agências e Companhias de Transporte Marítimo de Santos teve os nomes de seus diretores, em 7 de outubro de 1939, relacionados em um boletim de informação elaborado pelo DEOPS sobre a instituição.

Palavras-chaves: *Diretoria*
Santos (SP)
Sindicato dos Empregados em Agências e Companhias de Transporte Marítimo de Santos

Prontuário: **4579** **Sindicato dos Empregados em Serviços de Melhoramentos da Cidade de Santos**

Vulgo: -
Profissão: -
Nacionalidade: -
Naturalidade: -
Datas-limite: **Inicial** 30/10/1936 **Final** 08/06/1938

Síntese: A diretoria do sindicato foi acusada de receber mensalidade, mesmo após o fechamento do Sindicato. Fato que, segundo a diretoria, era devido ao pagamento de dívidas anteriores. Há uma transcrição de uma notícia do jornal *Bahia*, em que Leocádio de Jesus, empregado da Companhia de Melhoramentos da Cidade de Santos, denuncia Armando Salles como partidário dos patrões, afirmando que ele não merecia o voto da classe dos que se "matam no trabalho". Em 1938, o Secretário de Segurança Pública solicita a cassação do registro da entidade.

Palavras-chaves: *Armando Salles*
Bahia (jornal)
Companhia de Melhoramentos da Cidade de Santos
Santos (SP)
Secretário de Segurança Pública
Sindicato dos Empregados em Serviços de Melhoramentos da Cidade de Santos

Prontuário: **6280** **Sindicato dos Portuários de Santos (Estivadores)**
Vulgo: -
Profissão: -
Nacionalidade: -
Naturalidade: -
Datas-limite: **Inicial** 25/06/1935 **Final** 16/06/1947

Síntese: O Sindicato dos Portuários de Santos teve algumas das suas diretorias fiscalizadas pelo DEOPS, que tinha a relação nominal dos diretores e fazia buscas no sentido de encontrar antecedentes "incompatíveis com os interesses da Nação". Dois de seus diretores em 1943 tinham antecedentes na Intentona Comunista e no Partido Fascista de São Paulo tendo, por tais razões, de prestar declarações. A polícia não informa se eram homônimos. O Sindicato também teve algumas de suas assembléias fiscalizadas e registradas no DEOPS através de boletins de informação. O sindicato foi o único em que se "organizou uma atividade coletiva e coordenada de caráter subversivo" que foi a criação de um núcleo da ANL na estiva, denominado "O Núcleo da Estiva da ANL - A Oposição" que contava com mais de 60 associados, segundo a agenda apreendida pelas autoridades policiais. Desses associados, quinze seriam os fundadores, tendo em vista um documento em que se solicitavam informações para a criação de um núcleo. Com relação aos outros 47, a polícia não conseguiu provar sua culpabilidade. Sobre os demais não havia informação no prontuário. Nos termos de declaração, a quase totalidade dos estivadores negam o envolvimento. Em 20 de abril de 1936, os estivadores foram expulsos do sindicato e tiveram a sua carteira de trabalho cassada, o que fez com que os mesmos pedissem a abertura de uma sindicância para saber a responsabilidade de cada um. Em 5 de fevereiro de 1938, concluiu-se pela culpabilidade dos quinze fundadores, não se condenando os outros 47.

Palavras-chaves: *Aliança Nacional Libertadora*
Comunismo
Partido Fascista de São Paulo
Santos (SP)

Prontuário: **27395** **Sociedade Amigos do Dr. Martins Fontes de Santos**

Vulgo: -
Profissão: -
Nacionalidade: -
Naturalidade: -
Datas-limite: **Inicial** 22/11/1939 **Final** 28/11/1939

Síntese: Em um boletim de informação de 22 de novembro de 1939, afirmou-se que no domingo anterior, na Sociedade Humanitária dos Empregados no Comércio de Santos, a Sociedade dos Amigos do Dr. Martins Fontes, através do presidente Hugo Santos Silva e dos secretários Amilcar Gonçalves e Jayro Franco, ocorreu a leitura da ata de fundação, que foi aprovada. Discutiu-se o estatuto da entidade, recebendo várias emendas. Em seguida, foi feita a votação para o período 39-41, vencendo Hugo Santos Silva que ocupava a direção provisoriamente. O 1º Secretário era o escritor Ranulpho Prata.

Palavras-chaves: *Martins Fontes*
Santos (SP)
Sociedade Amigos do Dr. Martins Fontes
Sociedade Humanitária dos Empregados do Comércio de Santos
Ranulpho Prata

Prontuário: **69263** **Sociedade dos Trabalhadores em Café de Santos**

Vulgo: -
Profissão: -
Nacionalidade: -
Naturalidade: -
Datas-limite: **Inicial** 04/05/1935 **Final** 21/05/1937

Síntese: A Sociedade dos Trabalhadores em Café recusou-se a indicar um representante para o Congresso Internacional do Trabalho em Genebra porque, segundo o oficio de 4 de maio de 1935, "a nossa classe nenhum beneficio (...) tem recebido dos poderes constituídos".

Palavras-chaves: *Congresso Internacional do Trabalho (Genebra)*
Santos (SP)
Sociedade dos Trabalhadores em Café de Santos

Prontuário: **27814** **Sociedade Pró-cidade de Santos**

Vulgo: -
Profissão: -
Nacionalidade: -
Naturalidade: -
Datas-limite: **Inicial** 15/12/1939 **Final** 19/12/1939

Síntese: A Sociedade Pró-cidade de Santos teve em sua sede, em 15 de dezembro de 1939, uma sessão solene para a entrega de diplomas de *Honoris-Causa* a 8 pessoas em reconhecimento aos serviços prestados à referida sociedade. Havia vários representantes de organizações da sociedade: Centro de Saúde denominado Martins Fontes, Rotary Clube, Delegado Regional, Centro dos Exportadores de Café e Sociedade União Operária. A sessão foi aberta pelo presidente da Sociedade Edmundo do Amaral e se pronunciou, entre outros, o representante da Cia. Docas, Ismael de Souza.

Palavras-chaves: *Centro de Saúde Martins Fontes*
Centro dos Exportadores de Café
Companhia Docas

Rotary Club
Santos (SP)
Sociedade Pró-cidade de Santos
Sociedade União Operária

Prontuário: **102904** **Teodósio Pinto da Silva**
Vulgo: -
Profissão: -
Nacionalidade: -
Naturalidade: -
Datas-limite: **Inicial** 10/10/1949
Síntese: Teodósio Pinto da Silva foi indiciado no inquérito de 30 de setembro de 1949, referente a um comício da campanha *O Petróleo é Nosso*, que resultou na morte de José Cirirlo dos Reis, policial, e do ensacador Deoclécio Santana. Foi indiciado "porque compareceram ao comício proibido (...) e são elementos perniciosos".
Palavras-chaves: *Campanha "O Petróleo é Nosso"*
Comício
Santos (SP)

Prontuário: **98591** **Ubirajara Ferreira Braga**
Vulgo: -
Profissão: -
Nacionalidade: -
Naturalidade: -
Datas-limite: **Inicial** 01/02/1949 **Final** 31/01/1952
Síntese: Ubirajara Ferreira Braga teve a prisão preventiva solicitada pela policia, provavelmente por ter tomado parte na greve da empresa Expresso Brasileiro. O 2º promotor de Santos, Otacilio Rodrigues Paes, discordou do pedido de prisão preventiva por afirmar que o prontuariado era menor de 20 anos e possuía residência fixa. No dia 2 de fevereiro de 1949, o Juiz Getúlio Evaristo dos Santos solicita a prisão preventiva dos indiciados, afirmando conter nos autos inscrições e gra-

vuras que injuriariam os agentes do poder público. O prontuariado foi citado em relatório sobre o Centro Santista de Estudo e Defesa do Petróleo e da Economia nacional, de 30 de junho de 1951, por ter sido "um dos comunistas" a participar no dia 28 de uma reunião do centro que foi cancelada por falta de participantes. Seria também um dos organizadores do Comitê Pró-paz de Santos em 1952.

Palavras-chaves: *Centro Santista de Estudo e Defesa do Petróleo*
Comitê Pró-paz
Empresa de Ônibus Expresso Brasileiro
Greve

Prontuário: **2326** **Ulisses Gonçalves (ou Lucas Goes da Silva)**
Vulgo: -
Profissão: Encanador
Nacionalidade: Brasileira
Naturalidade: Ribeirão Preto - SP
Datas-limite: **Inicial** 02/07/1932 **Final** 04/08/1932

Síntese: Ulisses Gonçalves afirmou ao delegado de Santos que era "um dos Associados da União Beneficente dos Trabalhadores de Construção Civil e também faz[ia] parte da Frente Negra Brasileira, da qual (...) [era] cobrador; que freqüentemente assistia às assembléias que se realizavam na referida União (...) sendo certo que muitas vezes viu membros da diretoria oporem-se à propaganda das idéias comunistas que porventura alguns dos membros ali quisessem implantar". Declarou também que lia "diversos livros de propaganda dos ideais comunistas que ficaram em seu quarto por morte do comunista Herculano de Souza, vitimado em um comício levado a efeito nessa cidade [Santos] para a propaganda do ideal comunista; que tais livros e papéis foram apreendidos hoje, em seu quarto, sendo todos conduzidos a esta delegacia (...) Alegou ainda que não professava ideais comunistas, entretanto, pelo que tinha lido, estava convencido que eles eram úteis ao operariado. Era de opinião que tal credo devia ser implantado não só no Brasil, mas em todo o mundo. Informou que usava o "nome de Lucas Góes da Silva, e isso porque todos os comunistas usam diversos nomes".

Palavras-chaves: *Boletim*
Comício
Comunismo
Frente Negra Brasileira
Livro
Propaganda
Santos (SP)
União Beneficente dos Trabalhadores da Construção Civil

Prontuário: **2846** **Vicente Vaz Rodrigues**
Vulgo: -
Profissão: Estivador
Nacionalidade: -
Naturalidade: Santos-SP
Datas-limite: **Inicial** 22/08/32 **Final** 09/07/39

Síntese: Vicente Vaz Rodrigues foi preso por ser "elemento comunista". Teria hospedado duas pessoas vindas de São Paulo. Essas pessoas distribuíram boletins comunistas, que, além de criticar o governo, convocavam a população para um comício na Praça da República para comemorar o dia de Sacco & Vanzetti, dois operários anarquistas mortos "pelo imperialismo americano". O delegado o classificou como "um elemento ativo desse credo e um instrumento de grande valia para sua propagação". Em 1935, foi expulso do Centro dos Estivadores de Santos por professar idéias subversivas.

Palavras-chaves: *Anarquismo*
Centro dos Estivadores Sindicato dos Estivadores)
Comício
Comunismo
Sacco & Vanzetti
Santos (SP)

Prontuário: **2026** **Victor Garcia**
Vulgo: -
Profissão: -
Nacionalidade: -
Naturalidade: -
Datas-limite: **Inicial** 03/10/33

Síntese: Victor Garcia, que também usava o nome de Carlos Brickman, foi detido várias vezes no país, acabando por ser expulso para Espanha, viajando no navio Bagé. Os investigadores, em 3 de outubro de 1933, estavam verificando o quarto do detento Noe Gertel, quando um "elemento suspeito" procurava Gertel, sendo ele logo levado à delegacia. Lá se constatou que o detido era Victor Garcia, que estaria utilizando o pseudônimo de Mattos. Os policiais encontraram em seu bolso um bilhete, que está anexado ao prontuário, em que dizia: "Entregue 40$000 para a compra de uma caixa de estêncil. ass. Mattos". No seu termo de declarações de 9 de outubro de 1933, o prontuariado afirmou pertencer à Juventude Comunista e que, por ser fiel ao juramento prestado na época do seu ingresso, não indicaria a localização de residências de comunistas. Afirmou que, há dois anos havia sido secretário da União Beneficente da Construção Civil, em Santos, tendo sido detido quatro vezes (3 greves), sendo uma delas por participar de um comício realizado em 23 de agosto de 1931 e promovido pelo Socorro Vermelho Internacional. Tal comício resultou em conflito entre trabalhadores e polícia. Declarou que havia sido mandado ao presídio da Ilha dos Porcos, onde permaneceu até 6 de janeiro de 1932, voltando a ser preso por greve em 11 de maio de 1932. Foi novamente remetido ao mesmo presídio de onde fugiu, em 16 de julho de 1932, com outros dois detentos em uma espécie de jangada, indo a pé até Santos. A jornada durou 10 dias. Em Santos, homiziou-se na casa do tio Adolfo. Declarou que foi para o Rio de Janeiro, onde foi novamente detido, dando o nome de Armando Gomes. Voltou para São Paulo, mantendo relações com Noe Gertel, com quem iria fazer uma refeição quando foi finalmente detido. Afirmava que o bilhete e o panfleto do Comitê Frente Única Antiguerreira de São Paulo encontrados em seu poder seriam entregues a Mattos, não ignorando que o dinheiro seria usado para comprar estêncil para mimeógrafo.

Palavras-chaves: *Comunismo*
Expulsão
Frente Única Antiguerreira de São Paulo
Greve
Juventude Comunista
Mimeógrafo
Panfleto
Presídio da Ilha dos Porcos
Santos (SP)
Socorro Vermelho Internacional
União Beneficente da Construção Civil

Prontuário: **82433** **Vitor Gallati**
Vulgo: -
Profissão: -
Nacionalidade: -
Naturalidade: -
Datas-limite: **Inicial** 16/06/47 **Final** 17/07/78

Síntese: Vitor Galatti foi secretario do PCB e era considerado "um dos elementos comunistas de maior evidência e periculosidade de Santos". No entanto, a polícia não sabia se ele era ou não homônimo de um morador de Ribeirão Preto, por falta de dados qualificativos.

Palavras-chaves: *Comunismo*
Partido Comunista do Brasil
Ribeirão Preto (SP)
Santos (SP)

Prontuário: **82389** **Waldemar Dias Veloso**
Vulgo: -
Profissão: Estivador
Nacionalidade: Brasileira
Naturalidade: Pernambuco
Datas-limite: **Inicial** 16/06/47 **Final** 28/03/50

Síntese: Waldemar Dias Veloso foi considerado um dos comunistas de "maior evidência e periculosidade de Santos". Em sua casa, foram encontrados "um duplicador, um livro comunista, dois recibos referentes a contribuições feitas por ele a uma célula comunista da estiva e boletins mimeografados". O prontuariado "sumiu", aparecendo meses depois, aguardando pela opinião do Ministério Público sobre a sua prisão preventiva. Foi incurso no Decreto-lei 431, artigos 3°, 25° e 26°. Ele e Francisco Rodrigues Garcez, Pedro Godoy, Lourival de Mello foram acusados de "causar desassossego e temor na população" por meio da divulgação de boletins subversivos.

Palavras-chaves: *Boletim*
Comunismo
Duplicador
Livro
Santos (SP)

Prontuário: **6631** **Waldemar Saldanha Guimarães**

Vulgo: -
Profissão: Doqueiro
Nacionalidade: Brasileira
Naturalidade: Niterói - RJ
Datas-limite: **Inicial** 14/05/46 **Final** 20/12/47

Síntese: Waldemar Saldanha Guimarães, doqueiro, foi preso em Santos em 12 de maio de 1946, sendo recolhido ao DEOPS de São Paulo quatro dias após participar da greve contra Franco, quando os estivadores se recusaram a trabalhar em navios espanhóis e receberam a solidariedade das demais classes portuárias. Teve seu nome incluído num pedido de *habeas corpus* para os presos na referida greve. Foi condenado a um ano de prisão em 1947.

Palavras-chaves: *Antifascismo*
Francisco Franco
Greve
Santos (SP)

.ICONOGRAFIA DOS PRONTUÁRIOS

PRONTUÁRIO	TIPOLOGIA	DATA	DESCRIÇÃO DA IMAGEM
4435 - Jõao Batista de Moraes	F	06/12/37	Identificação policial - frente e perfil (com chapéu).
	F	06/12/37	Identificação policial - frente e perfil.
1080 - Eduardo Basílio	F	24/03/36	Identificação policial - frente e perfil.
2846 - Vicente Vaz Rodrigues	F	22/08/32	Identificação policial - frente (com e sem chapéu) e perfil.
3061 - José Joaquim Santana	F	03/09/36	Identificação policial - frente e perfil.
	F	S/D	Identificação policial – frente.
2594 - Sindicato do Centro dos Estivadores de Santos	F	S/D	Quatorze candidatos da chapa "União dos Estivadores".
	F	S/D	Ambulatório e ambulância mantidos pelo Sindicato. *A Tribuna,* 26/06/38.
	F	S/D	Membros da diretoria do Sindicato em 1938. *A Tribuna,* 26/06/38.
	F	S/D	Salão da sede do Sindicato. *A Tribuna,* 26/06/38.
	F	S/D	Edifício sede do Sindicato. *A Tribuna,* 26/06/38.
	G	22/05/35	Folheto do Sindicato dos Bancários com gravuras ilustrando melhorias que seriam obtidas através do salário mínimo.
937 - José Bezerra de Albuquerque	F	28/04/36	Identificação policial - frente e perfil.
	F	S/D	Identificação para ficha individual da "Revisaciones de la Dirección General de Inmigración".
	F	S/D	Identificação para a "Caderneta de Matrícula na Capitania dos Portos".
	F	S/D	Identificação para a "Caderneta de sócio do Centro dos Estivadores".

PRONTUÁRIO	TIPOLOGIA	DATA	DESCRIÇÃO DA IMAGEM
92455 - Aloisio Soares de Vasconcelos	F	S/D	Identificação policial – frente.
6280 - Sindicato dos Portuários de Santos	F	1935	Capa do caderno de contabilidade do núcleo da ANL na estiva de Santos.
	F	1935	Relação dos estivadores membros do núcleo da ANL na estiva.
	F	1935	Relação dos estivadores membros do núcleo da ANL na estiva (continuação).
	F	1935	Relação dos estivadores membros do núcleo da ANL na estiva (continuação).
	F		Requerimento a respeito de como formar um núcleo da ANL na estiva de Santos.
	F	[1935]	Relação dos presentes em assembléia do Comitê Antiguerreiro e Antifascista de Santos.
	F	[1935]	Panfleto da União Sindical Proletária de Santos convocando à greve geral contra o fechamento da ANL e um ofício da Associação Comercial de Santos encaminhando o panfleto.
	F	[1935]	Panfleto convocando à greve geral contra o fechamento da ANL e denunciando o desemprego advindo da instalação de caçambas no Porto.
4288 - Antônio Simões de Almeida	F	22/08/27	Identificação policial - frente e perfil.
4357 - Manoel Dias Veloso	F	04/08/35	Identificação policial – frente.
3792 - José Moran Menendez	F	21/03/36	Identificação policial - frente e perfil.
2134 - Leoncio Martins ou Martines	F	22/08/32	Identificação policial – frente (com e sem chapéu) e perfil.

PRONTUÁRIO	TIPOLOGIA	DATA	DESCRIÇÃO DA IMAGEM
	F	S/D	Identificação para a "Cartera de Identidad" emitida pelo "Consejo Superior de Emigración".
3972 - Luiz França Santana	F	16/09/33	Identificação policial - frente e perfil.
222 - João Freire de Oliveira	F	S/D	Identificação policial - frente e perfil.
87855 - Durval Ramos de Azevedo	F	S/D	Identificação policial – frente.
3955 - Marcelino Pereira de Carvalho	F	28/09/33	Identificação policial - frente e perfil.
3618 - Antonio Lourenço Machado	F	1936	Identificação policial - frente e perfil.
4356 - João Alves dos Santos	F	04/08/36	Identificação policial – frente.
2098 - João Antonio de Barros Valente	F	02/07/32	Identificação policial – frente (com e sem chapéu) e perfil.
	F	04/07/32	Identificação policial - frente e perfil.
1739 - Eulalia da Conceição ou Maria da Cruz	F	30/07/36	Identificação policial – frente.
	F	S/D	Identificação para a Inspetoria de Higiene do Trabalho e para a carteira de saúde.
1975 - Rosa Brickman	F	S/D	Identificação para a carteira da biblioteca.
4045 - Gusmão Solero	F	04/08/36	Identificação policial – frente.
1196 - Roberto Silva	F		Entrevista de um trabalhador gráfico candidato da Coligação Proletária ao jornal *Diário da Noite*.
	F	21/03/36	Identificação policial - frente e perfil.
3828 - Julia Garcia y Garcia	F	19/05/36	Identificação policial - frente e perfil.

LEGENDA: F= Fotografia
G= Gravura

ÍNDICE DE ASSUNTOS

BIBLIOGRAFIA

ALEXANDRINO, C.; SILVA, M. *Sombras sobre Santos*. Santos: Prefeitura Municipal de Santos, 1988.

AMADO, J. *Subterrâneos da Liberdade II – A Agonia da Noite*. 10.ed. São Paulo: Martins, 1964.

ANDREWS, G. *Negros e brancos em São Paulo (1888-1988)*. São Paulo: Edusc, 1998.

ARAÚJO, B. *Operários em luta: metalúrgicos da Baixada Santista (1933-1983)*. Rio de Janeiro: Paz e Terra, 1985.

AZEVEDO, R de. *A resistência anarquista: uma questão de identidade (1927-1937)*. Dissertação de Mestrado em História. São Paulo: Faculdade de Filosofia, Letras e Ciências Humanas, Universidade de São Paulo, 1996.

BRANDÃO, G.M. *A esquerda positiva. As duas almas do Partido Comunista*. São Paulo: Hucitec, 1997.

CANALE, Dario. *Problemas da Construção da História do Partido Comunista Brasileiro, Novos Rumos*. São Paulo: Instituto Astrojildo Pereira, jan/fev/mar, 1986.

CARONE, E. *Brasil: Anos de Crise (1930-1945)*. São Paulo: Ática, 1991.

__________ . *Movimento Operário no Brasil (1877 – 1944)*. São Paulo/Rio de Janeiro: Difel, 1979.

DIAS, E. *História das Lutas Sociais no Brasil*. São Paulo: Edaglit, 1962.

FRANCO, C. *Dicionário de Expressões Populares*, 1ºv.. São Paulo: Editora Unidas Ltda, s.d..

GONÇALVES, A. *Lutas e Sonhos: Cultura Política e Hegemonia Progressista em Santos* (1945-1962). São Paulo: Unesp, 1995.

LEITE, J. Cuti (org.). *E disse o velho militante José Correia Leite: depoimentos e artigos*. São Paulo: Secretaria Municipal de Cultura, 1992.

LOPES, M. "Porto, porta, poros". In BRESCIANI, S. (org.). *Imagens da cidade: séculos XIX e XX*. 1.ed. São Paulo: Marco Zero, 1994.

MARIANI, B. *O PCB e a imprensa: os comunistas no imaginário dos jornais (1922-1989)*.1ª ed. Rio de Janeiro: Revan; Campinas: Unicamp, 1998.

MARTINS, C. (org.). *Memória do Movimento Sindical de Santos 1930-1964*. São Paulo: Fundação Arquivo e Memória de Santos, 1997.

MITCHELL, M. *Racial consciousness and the political attitude and behavior of blacks in São Paulo, Brasil*. Indiana, 1977. Dissertação Ph. D, Universidade de Indiana.

PANDOLFI, D. *Camaradas e Companheiros: História e Memória do PCB*. Rio de Janeiro: Relume Dumará, 1995.

PAULA, J. *1932: Imagens Construindo a História*. Campinas: Unicamp.1997.

RODRIGUES, O. *Veja Santos!* 2ª ed. São Paulo: A Tribuna, 1975.

SANTOS, G. Penna (org.). *A Trajetória de um Comunista*. Rio de Janeiro: Revan, 1997.

SARTI, I. *O Porto Vermelho*: *os Estivadores Santistas no Sindicato e na Política*. Rio de Janeiro: Paz e Terra, 1981.

SEVCENKO, N. *Orfeu extático na metrópole: São Paulo sociedade e cultura nos frementes anos 20*. São Paulo: Cia das Letras, 1992

SILVA, F. *A Carga e a Culpa*. Santos; São Paulo: Prefeitura Municipal de Santos; Editora Hucitec, 1995.

OBRAS DE REFERÊNCIA

BOTTOMORE, T. (ed.) et al.. "Consciência de classe". In: *Dicionário do Pensamento Marxista*. Rio de Janeiro: Jorge Zahar, s.d..

FERREIRA, A B. H.. *Novo Dicionário da Língua Portuguesa*. Rio de Janeiro: Nova Fronteira, 1975.

MICHAELIS. *Moderno Dicionário da Língua Portuguesa*. São Paulo: Melhoramentos, 1975.

Título: O Porto Vermelho: a maré revolucionária (1930-1951)
Coleção: Inventário DEOPS - Módulo VI - Comunistas
Projeto gráfico: Fernando de Sousa Lima
Capa: (informação no expediente)
Editoração eletrônica: (informação no expediente)
Formato: 16x 23 cm - fechado
Mancha: 12x 19 cm
Tipologia: book antiqua 12
Papel: miolo - couchê fosco 90 g/m^2
capa - cartão revestido 250 g/m^2 (com orelhas)
Número de páginas: 224
Tiragem: 1500 exemplares
Fotolitos e impressão: Imprensa Oficial do Estado
Data da impressão: 04/2001